Bautizarse ¿para qué?

La Biblia tiene la razón

Omar Barajas

Bautizarse ¿para qué?
La Biblia tiene la razón
Omar Barajas

© 2020 Todos los derechos reservados

Literatura Alcanzando a Todo el Mundo (LATM)
P. O. Box 645
Joplin, Missouri 64801-0645
USA

Imagen de fondo de la cubierta: Matt Hardy en Unsplash.com
Cubierta diseñada por Eugenio Reed

A menos que se indique lo contrario, el texto bíblico ha sido tomado de la versión Reina-Valera © 1960.

Sociedades Bíblicas en América Latina: © renovado 1988 Sociedades Bíblicas Unidas. Utilizado con permiso.

ISBN: 978-1-930992-85-6

Dedicación

Esta obra es primeramente para mi esposa amada, quien siempre me ha motivado y apoyado por seguir adelante en mi preparación bíblica y en el ministerio.

A Francis Nash, quien tuvo que ver para que este trabajo se pudiera editar e imprimir, y por el apoyo de los recursos bíblicos que ahora tengo en mi biblioteca personal. ¡Muchas gracias, hermano Francis!

También a todos mis estudiantes del Instituto Cristiano en Yañez (ahora, Universidad de Predicación Bíblica), quienes me motivaron a escribir sobre este tema, debido a las cuestiones que se presentaron cuando se impartía este tema en la clase de "Dialogando con..." (en 2005). A todos los estudiantes: Sergio, Juan Carlos, Felipe de Jesús y Azucena Barajas Jiménez; Rito y Edgar González; Sergio Ochoa, Juan Del Ángel, Mario Aguirre, Josué Romero, Vanesa García, Esther Rivera, José Jacobo, Jaime Vázquez, Juan Ramón y a los que se han añadido últimamente a las clases. A todos ustedes es dedicado este escrito.

Especialmente es dedicado a la congregación de la Iglesia de Cristo que se reúne en la colonia Yáñez, en Guadalajara, Jalisco, México, por su perseverancia en la palabra de Dios y lucha que ha sostenido durante muchos años contra aquellos que se interesan por seguir mandamientos y tradiciones de hombres y no la palabra de Dios. ¡Sigamos adelante!

Agradecimientos

Primeramente, agradezco a mi Padre celestial, quien me ha rescatado del pecado a través de su Hijo Jesucristo, y me ha dado la bendición y el privilegio de ser un ministro competente del Nuevo Pacto.

También a todos aquellos que colaboraron en la realización y edición de este material; a mi hermano Sergio Ochoa, por su ayuda gramatical que muestra en cuanto a Hechos 2:38. A mi hermano José Manuel Barajas, por la ayuda de material que me proporcionó. A mi hermano Homero Rincón Escobedo, por su apoyo en el texto griego. A mi hermano Raúl Martínez A. por el apoyo en la revisión del material. Y a muchos otros hermanos más, que en este momento en que escribo esto, se escapan de mi mente, pero creo que ellos sabrán quienes son. A todos ustedes . . .

¡Muchas gracias!

Contenido

Introducción 9

Sección I — ¿Qué dice la Biblia sobre el bautismo?

1 Somos revestidos de Cristo. Gálatas 3:27 15

2 Cristo nos añade a su iglesia. Hechos 2:41, 47 19

3 Morimos al pecado y nacemos a una vida nueva.
Romanos 6:3-4; Colosenses 2:12-13; Juan 3:5 21

4 Nos relacionamos con el Padre, el Hijo, y el Espíritu Santo. Mateo 28:19 41

5 Nos salva. 1Pedro 3:21; Marcos 16:16 47

6 Nuestros pecados son perdonados. Hechos 2:38 69

7 Nuestros pecados son lavados. Hechos 22:16 83

Sección II — ¿Qué dicen los antiguos?

8 Testimonios 93

   -Tertuliano (siglo II)
   -La epístola de Bernabé (70-100 d.C.)
   -Hermas (El pastor, siglo II)
   -Teófilo de Antioquía (siglo II)

-Agustín de Hipona (siglo IV)
-Justino Mártir (entre 148 y 155 d.C.)
-Gregorio Nacianceno (siglo IV)
-Cipriano (¿- 258 d.c.)
-Ambrosio (siglo IV)
-Ireneo de Lyon (130-200 d.C.)
-Una antigua homilía de autor desconocido (120-140 d.c.)
-Clemente de Alejandría (150-215 d.C.)

Sección III — ¿Y los más recientes?

9 Testimonios de teólogos 105

> Andrew T. Lincoln — Matthew Henry — Keil y Delitzsch — R.V.G. Tasker — R.C.H. Lenski — Phillip Schaff — Marvin R. Vincent — William Hendriksen — F.F. Bruce — La Enciclopedia del estudiante

10 Recuerde: una parte, no un todo 113

Conclusión 119

Apéndice A 121

Apéndice B 123

Apéndice C 125

Apéndice D 129

Apéndice E 133

Bibliografía 135

INTRODUCCIÓN

Es muy grato poner este estudio al alcance de todos los que se interesan por saber y hacer la voluntad de Dios; para todos los que siguen cada día en busca de la verdad; los que se esfuerzan por escudriñar la Palabra de Dios para entender lo que él quiere que sus hijos hagamos para estar con él por la eternidad.

El presente tratado ha sido escrito para ayudar a todos los que son ministros de la palabra de Dios y para los que tienen algunas dudas sin respuesta en cuanto al bautismo. Es mi intención aclarar la mayoría de las dudas que se presentan en cuanto al tema en consideración, así como las objeciones, las "bases" y los "argumentos" que presentan para negar que el bautismo en agua, el cual mandó nuestro Señor Jesucristo, sea para recibir el perdón de nuestros pecados.

Amigo lector, si en este libro en sus manos encuentra una enseñanza diferente a lo que siempre ha creido, le animo a que no deje de estudiar este libro y al final, usted haga su propia conclusión. Le invito a que vaya a este libro sin un pensamiento preconcebido, sino con el ánimo de encontrar la verdad cotejada con la palabra de Dios. Si usted quiere saber la verdad bíblica acerca de este tema, creo que la encontrará al comparar lo que aquí se trata, con la palabra de Dios. Le animo a que sea como los de Berea, escudriñe con las escrituras lo que aquí se tratará.

Aquí presento un análisis de cada uno de los textos bíblicos que, en particular, son atacados para negar la eficacia

Bautizarse ¿para qué?

del bautismo. Muestro al lector el texto en el español, como aparece en la *Biblia Reina Valera, Revisión 1960*, y después en forma interlineal, como aparece en el *Nuevo Testamento Griego-Español* de Francisco Lacueva, herramienta de estudio que está al alcance de nuestro presupuesto, para mostrar al estudiante, que no hay ninguna alteración en dichos pasajes.

También expongo el punto de vista histórico en cuanto al bautismo para el perdón de pecados, así como los comentarios que han hecho algunos teólogos protestantes de renombre en el medio evangélico.

Hablar del tema del bautismo en la Biblia, es hablar de una controversia que existe desde los primeros siglos de la iglesia; y ha crecido más desde el año 1517 cuando Martín Lutero, un monje católico romano, desarrolló una doctrina basada en unas palabras que expresó San Agustín: "El justo se salva por la fe".

Martín Lutero hace suyas estas palabras después de haber visitado la ciudad de Roma, y darse cuenta de las costumbres que practicaba la corte pontificia en ese lugar. Poco tiempo después la Iglesia Católica tuvo necesidad de terminar la Catedral de San Pedro en Roma, pero no había fondos para ello. Esta situación motivó al Papa León X a ordenar las indulgencias que consistían en cobrar servicios como las oraciones a los seguidores de la iglesia. Martín Lutero protesta, clavando sus 95 tesis en la catedral de Wittemberg. Esto causó el inicio de la Reforma Protestante o Movimiento de Reforma. Y unido a esto, se desarrolla la doctrina de que el hombre es salvo por la fe solamente.

Después de la muerte de Lutero, el que se encarga de propagar aun más fuertemente la doctrina de la salvación por la fe, es Juan Calvino; otro monje católico que protesta en contra de la Iglesia Católica. Éste fue más lejos en el

Introducción

desarrollo de tal enseñanza, pues basado en ello, saca la doctrina de la predestinación.

Es así, mediante este contexto histórico que la enseñanza de la salvación por la "sola fe", como la nombraba Lutero, nace y ha influido en la mayoría de los grupos cristianos que hoy tenemos en pleno siglo veintiuno. En particular se destacan los presbiterianos que son cien por ciento calvinistas, y después de ellos le siguen otros como los bautistas. Y este es el caso que tendremos en consideración, pues los bautistas afirman que el bautismo *no es necesario para la salvación*. En verdad Lutero nunca enseñó tal doctrina, sino que él hablaba de que uno no necesita las obras, las indulgencias, para ser salvo.

Como en cada escrito de su servidor, mi oración a Dios es que esto que presento sea de mucha ayuda y bendición a todos los que lo tengan en sus manos. Al leer este libro puedes opinar que no es lo más sublime escrito sobre el tema, pero sin duda, te será de mucha utilidad para saber y enseñar qué dice Dios acerca del bautismo.

Omar Barajas Jiménez
Julio 16 de 2013, Guadalajara Jal.

Evangelista de la Iglesia de Cristo
en Guadalajara, Jalisco, México

SECCIÓN I

¿Qué dice la Biblia sobre el bautismo?

Capítulo 1

Somos revestidos de Cristo

> ... *porque todos los que habéis sido bautizados en Cristo, de Cristo estáis revestidos.*
> — Gálatas 3:27

El apóstol Pablo dice claramente en este texto que en el bautismo somos revestidos de Cristo. Entonces, la consecuencia de no ser bautizados es que no seremos revestidos de Cristo. Es correcto que la salvación es una gracia que Dios ofrece al hombre para que sea salvo (Efesios 2:8-10), y esto es recibido **por medio de la fe**, pero el apóstol Pablo nos dice que la gracia de Dios la recibimos . . . **en Cristo Jesús** (1 Corintios 1:4). La preposición griega que utiliza el apóstol Pablo es **"en"**, e indica **estar dentro de**. Vemos que recibimos la gracia de Dios cuando estamos dentro de Cristo Jesús o en Cristo. La pregunta entonces es: ¿cuándo estamos dentro de Cristo? O ¿cómo estamos dentro de Cristo Jesús o en Cristo? Gálatas 3:27 dice que cuando somos bautizados. Ahora mira el versículo completo y debajo en griego.

porque cuantos en Cristo fuisteis bautizados, de Cristo
ὅσοι γὰρ εἰς Χριστὸν ἐβαπτίσθητε, Χριστὸν
fuisteis revestidos.
ἐνεδύσασθε

(Tomado del *Nuevo Testamento Interlineal Griego-Español*. Francisco Lacueva. Editorial Clie)

Bautizarse ¿para qué?

Observemos que el texto griego utiliza la preposición *"eis"* que significa en este versículo **entrar hacia, en sentido de entrar a algo o a alguien, con el propósito de**. El apóstol Pablo nos dice que todos los que fuimos bautizados, lo hicimos para entrar a *(eis)* o con el propósito de estar en Cristo, y como consecuencia, fuimos revestidos de Cristo. De manera que nosotros—según este texto—¡no podemos estar en Cristo si no somos bautizados! Ahora, algunos dicen que Pablo no se refiere al bautismo en agua en este texto. Este punto lo contestaré en la sección final. Por lo pronto debemos entender que si no somos bautizados no podemos estar en Cristo, según lo enseña Pablo.

Notemos el contexto del pasaje y nos daremos cuenta que es así. Pablo habla de la fe, tanto objetiva como subjetiva. La fe objetiva es en la que el creyente basa su fe, mientras que la subjetiva es la que hace el que cree.

> Pero antes que viniese la fe, estábamos confinados bajo la ley, encerrados para aquella fe que iba a ser revelada.
> — Gálatas 3:23

Aquí la palabra fe equivale al evangelio. Vemos que no puede existir la fe sin el objeto de nuestra fe, en este caso, Cristo.

> De manera que la ley ha sido nuestro ayo, para llevarnos a Cristo, a fin de que fuésemos justificados por la fe.
> — Gálatas 3:24

Este versículo nos muestra ahora nuestra fe subjetiva, es decir, la acción que nosotros ejercemos.

> Pero venida la fe, ya no estamos bajo ayo pues todos sois hijos de Dios por la fe en Cristo Jesús;
> — Gálatas 3:25-26

Somos revestidos de Cristo

Todos llegan a ser hijos del mismo modo, esto es, por la fe en Cristo Jesús. Esto debe entenderse, pues la discusión es que estaban llegando judíos cristianos que querían que todos se circuncidaran para ser hijos de Dios.

> ... porque todos los que habéis sido bautizados en Cristo, de Cristo estáis revestidos.
>
> — Gálatas 3:27

Fuimos bautizados para entrar a una relación con Cristo, y esto se entiende por la preposición griega que usa Pablo, que es *eis*. Ahora bien, nota lo siguiente: el texto dice que fuimos revestidos de Cristo. La pregunta es ¿quiénes fueron revestidos? El versículo responde que *todos* los que fueron bautizados. ¿Cuándo fueron revestidos de Cristo? El texto responde que cuando fueron bautizados. El efecto que se produjo al ser bautizados fue ser revestidos de Cristo.

> Ya no hay judío ni griego; no hay esclavo ni libre; no hay varón ni mujer; porque todos vosotros sois uno en Cristo Jesús.
>
> — Gálatas 3:28

Cuando somos revestidos de Cristo, somos hijos de Dios y ya no hay diferencia. Seas esclavo, seas judío, seas griego, seas hombre, seas mujer, si ejerces fe en Cristo y eres revestido de él en el bautismo, tú eres hijo de Dios. Todos somos *uno* en Cristo Jesús.

> Y si vosotros sois de Cristo, ciertamente linaje de Abraham sois, y herederos según la promesa.
>
> — Gálatas 3:29

Pablo cuenta aquí los resultados y beneficios que obtenemos: somos *pertenencia de Cristo*. Esto concuerda con lo que dice

Bautizarse ¿para qué?

en Gálatas 4:7, somos linaje de Abraham y ahora herederos según la promesa.

No cabe duda de que hay un efecto que se produce en el bautismo de acuerdo con lo que señala Pablo en este pasaje.

Capítulo 2

Cristo nos añade a su iglesia

Así que, los que recibieron su palabra fueron bautizados; y se añadieron aquel día como tres mil personas. . . . Y el Señor añadía cada día a la iglesia los que habían de ser salvos.
— Hechos 2:41, 47

En el día de Pentecostés, relata Lucas, todos los que recibieron la Palabra de Dios, el evangelio que Pedro predicó, fueron bautizados. Y como consecuencia fueron añadidos por Cristo a su iglesia.

Esto no fue en el momento que escucharon la Palabra, no fue en el momento en que recibieron la Palabra, sino hasta después de que fueron bautizados. Otra cosa que merece especial atención es que ellos fueron bautizados después que recibieron su Palabra, es decir, en el mismo día que la recibieron; no se esperaron hasta otro día como algunos enseñan, ni una semana después. ¡No! Lo hicieron en ese mismo instante después que entendieron la Palabra. Así que esto muestra una urgente necesidad de ser bautizado, no solamente cumplir el bautismo como un mandamiento, sino hacerlo porque es parte del plan de salvación que Dios muestra en su Palabra.

Una cosa más digna de mencionar, es que en el texto griego no aparece la palabra "iglesia", pero ha sido traducida

Bautizarse ¿para qué?

de esta manera por la referencia de quienes se habla es de aquellos que iban siendo salvados y por lo tanto iban formando parte del grupo de personas que se rendían al sacrificio de Cristo.

Capítulo 3

Morimos al pecado y nacemos a una vida nueva

¿O no sabéis que todos los que hemos sido bautizados en Cristo Jesús, hemos sido bautizados en su muerte? Porque somos sepultados juntamente con él para muerte por el bautismo, a fin de que como Cristo resucitó de los muertos por la gloria del Padre, así también nosotros andemos en vida nueva.

— **Romanos 6:3, 4**

. . . sepultados con él en el bautismo, en el cual fuisteis también resucitados con él, mediante la fe en el poder de Dios que le levantó de los muertos. Y a vosotros, estando muertos en pecados y en la incircuncisión de vuestra carne, os dio vida juntamente con él, perdonándoos todos los pecados . . .

— **Colosenses 2:12, 13**

Bautizarse ¿para qué?

Respondió Jesús: De cierto, de cierto te digo, que el que no naciere de agua y del Espíritu, no puede entrar en el reino de Dios.

— Juan 3:5

Mientras examinamos estas tres Escrituras, mantengamos dos preguntas en mente: ¿qué propósito tiene el bautismo? y ¿qué importancia tiene el bautismo?

Romanos 6: 3-4

³¿O ignoráis que cuantos fuimos bautizados en
ἢ ἀγνοεῖτε ὅτι ὅσοι ἐβαπτίσθημεν εἰς

Cristo Jesús, en la muerte de él fuimos bautizados?
Χριστὸν Ἰησοῦν εἰς τὸν θάνατον αὐτοῦ ἐβαπτίσθημεν;

⁴Fuimos sepultados, pues, con él mediante el bautismo
συνετάφημεν οὖν αὐτῷ διὰ τοῦ βαπτίσματος

en la muerte, para que así como fue levantado
εἰς τὸν θάνατον, ἵνα ὥσπερ ἠγέρθη

Cristo de (los) muertos mediante la gloria del Padre,
Χριστὸς ἐκ νεκρῶν διὰ τῆς δόξης τοῦ πατρός,

así también nosotros en novedad de vida andemos.
οὕτως καὶ ἡμεῖς ἐν καινότητι ζωῆς περιπατήσωμεν.

El apóstol Pablo dice que no debemos perseverar en el pecado, pues los cristianos **hemos muerto al pecado** (v.2). Ahora ¿cómo fue que morimos al pecado? o, ¿cuándo fue que morimos al pecado? La respuesta nos la da en el versículo 3, donde dice claramente que nosotros fuimos muertos al pecado cuando fuimos bautizados, sumergidos en agua totalmente, pues, según el texto, nosotros fuimos bautizados para participar de

Morimos al pecado y nacemos a una vida nueva

la muerte de Cristo. Él murió físicamente. Nos unimos a él espiritualmente.

Entonces la manera en que participamos de la muerte de Cristo es mediante nuestro bautismo. Y el momento de participar en su muerte es también el momento de nuestro bautismo, según nos enseña el apóstol Pablo. El bautismo nos da la manera y el momento. El versículo 4, es de especial atención, pues nos aclara lo que venimos afirmando. Pablo dice que fuimos sepultados con el propósito de morir al pecado, y lo hicimos a través del bautismo, una sepultura momentánea en agua. Pablo utiliza la preposición griega *dia,* en caso genitivo, que significa "a través de" en el versículo 4. Dice que nosotros "fuimos sepultados *'dia'* (mediante, o a través del) bautismo".

De esta manera tenemos asegurada la promesa, el efecto que produce el haber sido bautizado, y es andar "en novedad de vida" (v. 4, *La Biblia de las Américas—LBLA*) o "en vida nueva" (*Reina Valera Revisión de 1960—RVR60*).

Es interesante la explicación que encontramos acerca del versículo 4, respecto al bautismo, en el *Diccionario de Figuras de Dicción,* pues dice que aquí ocurre una omisión de palabras, que, si estuvieran escritas, entenderíamos mejor tal versículo. La explicación es la siguiente:

> **Romanos 6:4.** También este versículo se entiende mejor, apreciando en él una elipsis compuesta. "Fuimos, pues, sepultados juntamente con él para muerte ***y resurrección de los muertos por medio del bautismo,*** a fin de que, como Cristo ***fue sepultado y*** fue resucitado (lit.) de los muertos por medio de la gloria del Padre, así también nosotros andemos en novedad de vida. (*Bullinger-Lacueva,* 1985, p. 122) [Énfasis añadido]

Bautizarse ¿para qué?

¿Cómo es que fuimos sepultados para participar de la muerte y la resurrección de Cristo, según este texto? ¡Por medio del bautismo!

Ahora bien, la cuestión que presentan algunos es que aquí, Pablo no está hablando del bautismo en agua. Ese argumento lo trataré al final donde contestaré algunos argumentos. Por ahora preguntemos simplemente, si no fuera el bautismo en agua, ¿por qué usa una semejanza o representación de una sepultura? Cuando uno muere físicamente, es cubierto totalmente de tierra; y cuando uno muere al pecado, es cubierto totalmente en el bautismo, es decir, se cubre todo el cuerpo con agua.

Por otro lado, hay los que dicen que Pablo usa el bautismo solamente como un símbolo. Pero hay una realidad que ocurre y ésta es, que somos bautizados literalmente (sumergidos totalmente en agua). Un símbolo es una representación de otra cosa real, como una foto que un joven tenga de su novia. Si la foto se pierde la novia sigue. Cuando nos bautizamos participamos en la muerte y la resurrección de Cristo. Es una participación figurada (porque no dejamos de respirar sino por unos segundos) en su muerte y en su resurrección. Si fuera solamente un símbolo, quizás podamos sustituir otro símbolo con el mismo resultado. Pero la verdad es que cuando somos bautizados, morimos y resucitamos con Cristo. La Biblia no revela otro acto para unirnos de esta manera a Cristo.

Así que, nosotros somos bautizados para que participemos juntamente con Cristo de su muerte y su resurrección. No podemos participar juntamente con Cristo de su muerte y su resurrección si no hemos sido bautizados. Esto debería bastar para entender que es urgente y una necesidad, el ser bautizados bíblicamente.

Morimos al pecado y nacemos a una vida nueva

La Nueva Versión Internacional (*NVI*) pone los versículos 3 y 4 de la siguiente manera, y nos arroja más luz sobre el propósito del bautismo:

> ¿Acaso no saben ustedes que todos los que *fuimos bautizados para unirnos con Cristo Jesús, en realidad fuimos bautizados para participar en su muerte? Por tanto, mediante el bautismo fuimos sepultados con él* en su muerte, a fin de que, así como Cristo resucitó por el poder del Padre, también nosotros llevemos una vida nueva.
>
> — Romanos 6:3-4
> [Énfasis añadido]

Es claro, pues, que el bautismo es el medio, a través del cual participamos de la muerte, sepultura, y la resurrección de Cristo, y de esta manera, nacemos a una vida nueva con Cristo Jesús. ¡No es solo un símbolo! Ahora bien, hay algo interesante en el versículo siguiente (versículo 5) que debemos resaltar, pues lo que dice Pablo allí es de vital importancia respecto al bautismo.

Antes de ello, quiero recordarle que nuestros amigos que niegan el bautismo para salvación coinciden en que el bautismo es un mandamiento que el cristiano debe realizar como muestra de obediencia a su Señor. Entre sus escritos encontraremos generalmente la recomendación de reunirse en una iglesia X donde se enseñe la Biblia y se bautice. Esto, claro, después que ha repetido la "oración del pecador arrepentido" (llamada así históricamente).

Hay algo interesante aquí. Si ellos dicen que el bautismo no es necesario para la salvación, entonces, en base a este razonamiento, se puede concluir que se puede ser salvo sin ser obediente a Dios. Pues, entre ellos una persona es salva sin ser bautizada, sin embargo, enseñan que debe bautizarse como un paso de obediencia y no para salvación. ¿Es así la

Bautizarse ¿para qué?

enseñanza bíblica? El escritor de la carta a los Hebreos es tajante al decir que Cristo vino a ser autor de eterna salvación para los que le obedecen.

> ... y habiendo sido perfeccionado [el Hijo], vino a ser autor de eterna salvación para todos los que le obedecen...
>
> — Hebreos 5:9

Si Cristo vino a otorgar la salvación para los que le obedecen, ¿cómo es que uno es salvo en los grupos religiosos que dicen que se puede ser salvo sin ser bautizado, no obedeciendo? ¿A dónde están llevando a sus miembros, enseñando tales cosas? ¿Qué salvación es la que están ofreciendo? ¡Seguro que no es la salvación que se encuentra en Cristo Jesús!

Notemos lo que Pablo dice en Romanos 6.

> Porque si fuimos plantados juntamente con él en la semejanza de su muerte, así también lo seremos en la de su resurrección.
>
> — Romanos 6:5

Quizás a muchos de nuestros amigos que enseñan la ineficacia del bautismo o su participación en la salvación, no han pensado en estas palabras del amado Apóstol Pablo. El versículo es una conclusión de lo que acaba de hablar en los versículos anteriores, es decir, de lo que sucede en el bautismo, por eso comienza con la palabra "porque". Enseguida expresa una condición, la cual, si se lleva a cabo por nosotros, tendremos un beneficio en lo futuro. Esta es la condición: *Porque si fuimos plantados juntamente con él en la semejanza de su muerte...* La condición está mostrada por el "si" que es condicional en está oración, pues no es afirmación. Y la condición para poder estar con Cristo, cuando

Morimos al pecado y nacemos a una vida nueva

él vuelva, es que debemos haber sido plantados . . . ¿En qué? ¡En la semejanza de su muerte! Y preguntamos ahora, ¿cuál es la semejanza de su muerte en la que fuimos plantados? ¿Acaso no es el bautismo? Pablo está dando por sentado la importancia del bautismo, la necesidad de participar del bautismo para poder estar con Cristo. Pues si no somos bautizados, no hemos sido plantados en la semejanza de su muerte, porque realizamos tal acción en el acto de ser sumergidos en el agua.

El apóstol Pablo ratifica la necesidad del bautismo para asegurar nuestra estancia con el Señor Jesucristo por la eternidad, y, por lo tanto, el bautismo es necesario para alcanzar la salvación.

Veamos el segundo de nuestros tres pasajes.

Colosenses 2:12, 13

¹²sepultados con él en el bautismo, en quien también
συνταφέντες αὐτῷ ἐν τῷ βαπτισμῷ, ἐν ᾧ καὶ

fuisteis resucitados mediante la   fe   en la actuación
συνηγέρθητε   διὰ   τῆς πίστεως   τῆς ἐνεργείας

de Dios   que levantó le   de entre (los) muertos.
τοῦ θεοῦ τοῦ ἐγείραντος αὐτὸν ἐκ   νεκρῶν·

¹³ Y a vosotros, muertos estando en los   pecados
καὶ   ὑμᾶς   νεκροὺς   ὄντας [m]ἐν τοῖς παραπτώμασιν

y en la incircuncisión de la carne vuestra, con-vivificó
καὶ τῇ   ἀκροβυστίᾳ   τῆς σαρκὸς ὑμῶν, συνεζωοποίησεν

os con él,   perdonándo os todos los pecados,
ὑμᾶς σὺν αὐτῷ· χαρισάμενος ἡμῖν πάντα τὰ παραπτώματα,

En estos versículos, Pablo repite lo mismo que menciona a los Romanos, simplemente que ahora habla del bautismo como algo que sucedió en un pasado, algo

Bautizarse ¿para qué?

que ellos ya hicieron hace algún tiempo. Pablo utiliza dos veces en el versículo 12 la preposición griega "en" (*ἐν*) y la preposición "dia" (*διὰ*) una sola vez: *"Sepultados con él en (ἐν) el bautismo, en (ἐν) el cual . . . mediante (διὰ) la fe . . ."*. La preposición "dia", ya la citamos anteriormente y dijimos que significa "mediante, a través de". La preposición "en", que utiliza Pablo aquí, significa "estar dentro de". Así que, Pablo está diciendo que nosotros fuimos sepultados con él cuando estuvimos **dentro del** bautismo y **dentro del** bautismo fuimos también resucitados con Cristo, **mediante** la fe en el poder de Dios que le levantó de los muertos.

En el versículo 13 Pablo nos recuerda que cuando estábamos muertos en nuestros pecados, es decir, cuando vivíamos en nuestros pecados, Cristo nos dio vida *juntamente con él*, perdonándonos los pecados.

Preguntemos al texto, ¿cuándo nos dio vida? La respuesta es: cuando estábamos juntamente con él (v.13). ¿Cuándo estuvimos juntamente con él? La respuesta es: cuando fuimos sepultados y resucitados con él (v.12). ¿Cuándo fuimos sepultados y resucitados con él? La respuesta es: cuando fuimos bautizados (v. 12). Y logramos esto a través (*dia*) de poner nuestra fe en el poder de Dios.

De manera que Pablo pone dos elementos importantes para nuestra salvación. No sólo menciona el bautismo, sino que también pone la fe como algo importante. La fe y el bautismo son importantes para alcanzar el perdón de nuestros pecados. La fe nos lleva al bautismo según este texto. Pablo dice en Romanos 10:17 que la fe viene por el oír la Palabra de Dios. Así que, es importante tener fe, es decir, creer en el poder de Dios. Estos dos elementos que Pablo menciona (fe y bautismo) Cristo los mencionó anteriormente en Marcos 16:16, *Él que creyere y fuere bautizado, será salvo*, un versículo

Morimos al pecado y nacemos a una vida nueva

que trataremos con detalle más adelante en este estudio. Pero debemos recordar que tanto es importante el bautismo como lo es la fe para alcanzar el perdón de nuestros pecados, según lo dice Pablo en estos versículos.

Hay otra cosa importante e interesante que toma en consideración Pablo y es lo que dice en el versículo 11:

> En él también fuisteis circuncidados con circuncisión no hecha a mano, al echar de vosotros el cuerpo pecaminoso carnal, en la circuncisión de Cristo.
>
> — Colosenses 2:11

Pablo nos dice que hubo una circuncisión hecha en nosotros, pero no fue física, y está fue realizada por Cristo. ¿En qué consistió esta circuncisión? Pablo explica en comparación, que no fue física, quizá teniendo en mente la circuncisión realizada por Abraham, o Moisés, sino que, con la que Cristo realizó, que consistió en **echar de vosotros el cuerpo pecaminoso carnal,** esto es claramente quitar de nosotros el pecado.

Este aspecto de la circuncisión, como Pablo lo usa, se ha prestado para decir que Pablo está enseñando que el bautismo sustituye lo que era la circuncisión en el tiempo de Abraham y siguió con Moisés. Era una señal del pacto que él hacía con los israelitas y todos los que quisieron ser parte del pueblo. (Lea Génesis 17:10-13; Levítico 12:3). Algunos han enseñado de aquí que el bautismo, al igual que la circuncisión física, era una señal externa del pacto. Por ende, este último es la señal externa de haber ejercido fe en Dios. Pero lo cierto es que Pablo está usando la circuncisión que tiene que ver con el aspecto espiritual y no físico, y esto lo conocían también los israelitas, pues en el Antiguo Testamento también se usaba la circuncisión de esta manera. Veamos:

Bautizarse ¿para qué?

...yo también habré andado en contra de ellos, y los habré hecho entrar en la tierra de sus enemigos; y entonces se humillará su corazón incircunciso, y reconocerán su pecado.

— Levítico 26:41

Nota que no se refiere a la circuncisión física, sino que lo usa de manera figurativa para hablar de la vida en pecado. Otro ejemplo más:

...a Egipto y a Judá, a Edom y a los hijos de Amón y de Moab, y a todos los arrinconados en el postrer rincón, los que moran en el desierto; porque todas las naciones son incircuncisas, y toda la casa de Israel es incircuncisa de corazón.

— Jeremías 9:26

Puedes leer algunos más como Levítico 19:23; Ezequiel 44:7, 9; Deuteronomio 10:16, entre otros más y se dará cuenta que el uso figurativo de la circuncisión. Normalmente se usa para referirse al pecado, aunque no siempre, al igual que Pablo está usando en Colosenses.

Ahora bien, se resalta esto para destacar el momento en que ocurre la circuncisión que es de Cristo. ¿Cuándo echa de nosotros el pecado o, como dice el texto, *el cuerpo pecaminoso carnal*? En el versículo 12 tenemos la respuesta, y es en el momento en que somos bautizados. La circuncisión espiritual ocurre cuando somos sepultados en el bautismo. Así que esto muestra una vez más la importancia que tiene el bautismo en nosotros, pues es el momento en el que el pecado es echado de nuestra vida. Algo similar está diciendo Pablo aquí, tal como lo dijo en Romanos 6:3, 4. Al igual que morimos al pecado en el bautismo, aquí lo recuerda, sólo que agrega un poco más específico, que se echa el pecado.

Morimos al pecado y nacemos a una vida nueva

Vamos ahora a la tercera Escritura. Tiene mucho que decirnos en cuanto al bautismo, aunque algunos enseñan que no se refiere al bautismo en agua.

Juan 3:3-5

3 Respondió Jesús y le dijo: De cierto, de cierto
ἀπεκρίθη Ἰησοῦς καὶ εἶπεν αὐτῷ· Ἀμὴν ἀμὴν

te digo, a menos que alguien nazca de nuevo,
λέγω σοι, ἐὰν μή τις γεννηθῇ ἄνωθεν,

no puede ver el reino de Dios.
οὐ δύναται ἰδεῖν τὴν βασιλείαν τοῦ θεοῦ.

4 Nicodemo le dijo: ¿Cómo puede un hombre
λέγει πρὸς αὐτὸν ὁ Νικόδημος· Πῶς δύναται ἄνθρωπος

nacer siendo viejo? No puede en el vientre de su madre
γεννηθῆναι γέρων ὤν; μὴ δύναται εἰς τὴν κοιλίαν τῆς μητρὸς

por segunda vez entrar y nacer, ¿(cierto)?
αὐτοῦ δεύτερον εἰσελθεῖν καὶ γεννηθῆναι;

⁵ Respondió Jesús: En verdad, en verdad te digo, a menos
ἀπεκρίθη Ἰησοῦς· Ἀμὴν ἀμὴν λέγω σοι, ἐὰν μή

que alguien nazca de agua y del Espíritu,
τις γεννηθῇ ἐξ ὕδατος καὶ πνεύματος,

no puede entrar en el reino de Dios.
οὐ δύναται εἰσελθεῖν εἰς τὴν βασιλείαν τοῦ θεοῦ.

Al parecer esta interpretación que excluye el bautismo de Juan 3 proviene del fundador y propagador de la doctrina de la predestinación, Juan Calvino. Él interpretaba este texto de la siguiente manera: "el que no naciere del agua que es el Espíritu". Tal parece que esta interpretación sigue en pie, pues la mayoría de las denominaciones (en especial los de tinte calvinista) lo interpretan de esta manera. A toda costa

Bautizarse ¿para qué?

quieren demostrar que el agua que aquí es mencionada no hace referencia al bautismo.

Aquí debemos tomar en cuenta la intención que tenía Nicodemo al venir a Cristo, por lo que Cristo le dice:

> . . . el que no naciere de nuevo, no puede ver el reino de Dios (v.3) y el que no naciere de agua y del Espíritu, no puede entrar en el reino de Dios (v.5).

Nicodemo tenía la intención de saber acerca del reino de Dios. En contestación, Cristo le dice las condiciones que debe cumplir para entrar en el reino de Dios, a saber: "nacer del agua y del Espíritu". Más adelante, en el versículo 16, Cristo le da otra condición para entrar en el reino de Dios y ésta es: "creer en Jesucristo".

Esto es algo que muchos no toman en cuenta. Cuando Cristo explica que uno que quiere ver el reino de Dios está obligado a nacer de nuevo, Nicodemo piensa que es imposible. Él está concibiendo en su mente un nacimiento físico (v.4). Pero Cristo le está hablando de un nacimiento espiritual, el que es necesario para entrar en el reino de Dios. Así que, Cristo le dice que debe nacer del agua y del Espíritu para entrar en el reino de Dios (v. 5). Cristo le pone el ejemplo del funcionamiento del viento para que entienda Nicodemo. Es un nacimiento espiritual y no físico que Cristo demanda. Nicodemo pregunta una vez más: ¿Cómo es posible eso? (v.9), y Cristo le dice, "¿Cómo es posible que siendo maestro de la ley no sepas de lo que estoy hablando? (v.10). Cristo está diciendo que lo que le está hablando está escrito en la ley. Y así es, pues en Ezequiel 36 encontramos de la siguiente manera:

> Esparciré sobre vosotros **agua limpia**, y seréis limpiados de todas vuestras inmundicias; y de todos vuestros ídolos

Morimos al pecado y nacemos a una vida nueva

os limpiaré. Os daré corazón nuevo, y pondré espíritu nuevo dentro de vosotros; y quitaré de vuestra carne el corazón de piedra, y os daré un corazón de carne. Y pondré dentro de vosotros *mi Espíritu,* y haré que andéis en mis estatutos, y guardéis mis preceptos, y los pongáis por obra.

— Ezequiel 36:25-27
[Énfasis añadido]

Es claro que Cristo está haciendo referencia a este texto cuando habla con Nicodemo. Puede ver también Ezequiel 18:31; Salmo 51:2, 7, 10 y Zacarías 13:1 que hablan de un nuevo nacimiento que vendría y cómo sería este nacimiento.

En el texto que citamos arriba, vemos claramente que este nacimiento es de agua y Espíritu, tal como Cristo lo da a conocer a Nicodemo. Otra cosa que tenemos que notar es ¿por qué a Nicodemo le era difícil aceptar este nacimiento? Porque él estaba muy relacionado con el bautismo de Juan, que era en agua (lee Juan 1:31, 33).

Recordemos que ellos, los fariseos (del grupo que era Nicodemo), no aceptaron el bautismo en agua. Esto lo leemos en Lucas 7:30 que dice: *"Mas los fariseos y los intérpretes de la ley desecharon los designios de Dios respecto de sí mismos, no siendo bautizados por Juan".* Una cosa importante que revela este texto es que el bautismo de Juan (que era en agua) era parte de los designios de Dios, es decir, que Dios había mandado el bautismo en agua, pues Juan 1:33 lo dice.

Entendiendo todo esto, no podemos dudar de que el agua que menciona el versículo cinco, es una referencia al bautismo. Cristo está hablando del bautismo. Al menos esto lo hemos comprobado por las siguientes dos razones: (1) Que eso estaba profetizado desde el Antiguo Testamento. (2) Que Nicodemo estaba muy bien familiarizado con el bautismo en

Bautizarse ¿para qué?

agua. Esto lo demostramos por el contexto del capítulo tres y las demás citas que así lo manifiestan.

Veamos si hay más razones que muestran que el agua que menciona Cristo sí es literal y que la aplica al bautismo. El apóstol Pablo, escribiendo a Tito le dice lo siguiente:

> . . . nos salvó, no por obras de justicia que nosotros hubiéramos hecho, sino por su misericordia, por el lavamiento de la regeneración y por la renovación en el Espíritu Santo.
>
> — Tito 3:5

Nota cómo claramente Pablo habla de lo mismo que menciona Cristo en Juan 3:5, agua y Espíritu. Él está respaldando lo que Cristo dijo en Juan 3:5. Ahora veamos qué dice la *Biblia del Diario Vivir* en este versículo: "Pablo resume lo que Cristo hace cuando nos salva. Nos trasladamos de una vida llena de pecado a una que es guiada por el Espíritu Santo. Fuimos lavados de *todos* nuestros pecados, no sólo de algunos. *Lavamiento se refiere a las aguas del bautismo*" (Barton, Dr. Bruce B., Editor, *Biblia del Diario Vivir*, Nashville, TN: Editorial Caribe 2000.) {Énfasis añadido]

La Biblia Plenitud comenta sobre este mismo versículo:

> La salvación viene por una doble vía. Por el lavamiento de la regeneración puede ser una referencia al bautismo (véase Hechos 2.38, donde Pedro describe cómo tiene lugar la conversión e iniciación en la fe cristiana), o a la limpieza del creyente de la culpa del pecado, cumplida por la regeneración. La renovación en el Espíritu Santo: Alude al papel del Espíritu Santo al propiciar un nuevo nacimiento en el creyente y al concederle

Morimos al pecado y nacemos a una vida nueva

vida eterna (Hayford, Jack W., Editor General, Biblia Plenitud, Nashville, TN: Editorial Caribe, 2000.) *Biblia Plenitud*, (Editorial Caribe, 1997) [Énfasis añadido]

Aunque estas dos versiones comentadas de la Biblia sean de origen denominacional, están aceptando que el lavamiento que menciona Pablo es el bautismo. Si en este pasaje cuando habla de agua es una referencia del bautismo, ¿por qué en Juan 3:5 no lo es, si está tratando el mismo tema de la salvación? ¡Claro que también en Juan 3:5 Jesús habla del agua del bautismo!

Una cosa más que añadir es que la palabra griega para agua es la palabra **hudatos** y según el Léxico Griego-Español del Nuevo Testamento, por Jorge Fitch McKibben, esta palabra aparece 79 veces y significa "agua".

Y aunque algunas veces, y al menos dos en el evangelio de Juan, aparece aplicada a un agua simbólica, ninguno de los Léxicos griego-español, pone la cita de Juan 3:5 como en sentido figurado, sino que siempre la ponen en el sentido y uso literal de esta palabra.

Cuando leemos el evangelio de Juan, nos daremos cuenta de que el agua es una clara referencia al bautismo. En todos los pasajes que habla Juan del bautismo, siempre hace referencia al "bautismo en agua". Nota los siguientes pasajes:

> Juan les respondió diciendo: Yo bautizo con agua . . .
>
> — Juan 1:26

> . . . por esto vine yo bautizando con agua.
>
> — Juan 1:31

Bautizarse ¿para qué?

> . . . y yo no le conocía; pero el que me envió a bautizar con agua . . .
>
> — Juan 1:33

> Juan bautizaba también en Enón, junto a Salim, porque había allí muchas aguas . . .
>
> — Juan 3:23

Es claro que Juan siempre hace referencia al bautismo en agua. Esto es una indicación de que Nicodemo tenía en mente este bautismo al hablarle Cristo del agua.

También la referencia que tiene Juan del hombre que esperaba ser echado en el agua para ser sanado llama la atención (Juan 5:1-7). ¿Por qué es interesante? Porque Nicodemo, como cualquier judío de ese tiempo, tenía muy en cuenta el uso que se le daba al agua. Así que es más que probable que Nicodemo tuviera en cuenta el bautismo cuando se le habló del agua. Y aparte de eso, como maestro de la ley, conocía lo que dice en el Antiguo Testamento en cuanto a este uso del agua.

Concluimos que el agua mencionada en Juan 3:5 es la del bautismo, por las siguientes cuatro razones:

(1) Estaba profetizado desde el Antiguo Testamento.

(2) Nicodemo estaba muy bien familiarizado con el bautismo en agua.

(3) El texto paralelo de Tito 3:5 se refiere al "lavamiento de la regeneración", que es el bautismo en agua.

(4) Los léxicos Griego-Español dicen que están hablando de un agua literal.

Así que no queda más remedio que aceptar que esta agua sí es literal y que el Señor Jesucristo está refiriéndose a nacer del agua, por medio del bautismo, y del Espíritu Santo.

Morimos al pecado y nacemos a una vida nueva

Este texto tiene conexión con la predicación de Pedro el día de Pentecostés en Hechos 2.

> Pedro les dijo: Arrepentíos, y bautícese cada uno de vosotros en el nombre de Jesucristo para perdón de los pecados; y recibiréis el don del Espíritu Santo.
> — Hechos 2:38

Pedro dice que en el momento que uno es bautizado, el Espíritu Santo es recibido por nosotros. ¡No hay duda de que el bautismo es en agua!

Hay, todavía, otros datos por considerar en este pasaje, como lo son el hecho de que se menciona el "reino de Dios". Esto tiene que ver con el mensaje que se predicaba tanto por Juan el bautista como por el mismo Señor Jesucristo. Ellos anunciaban que el reino de los cielos se había acercado (Mateo 3:2; 4:17). Es curioso que Jesús usa la palabra reino para referirse a la iglesia que estaba por edificar (Mateo 16:18, 19). Ahora bien, Nicodemo sabía de un reino que vendría, quizá en su mente estaba este pasaje de Daniel:

> Y en los días de estos reyes el Dios del cielo levantará un reino que no será jamás destruido, ni será el reino dejado a otro pueblo; desmenuzará y consumirá a todos estos reinos, pero él permanecerá para siempre...
> — Daniel 2:44

El reino profetizado aquí es la futura iglesia. Nicodemo seguramente no pensaba en una iglesia, sino en el reino, profetizado aquí y en otros pasajes. Él con los otros líderes judíos tenían su esperanza en una libertad no del pecado, sino de la supresión romana. Anhelaban el día en que el prometido descendiente de David restablecería su nación en justicia, una nación fuerte y temible, como en tiempos de David. Lo cierto es que el reino sería totalmente lo contrario

Bautizarse ¿para qué?

a su pensamiento. En este reino se manifestaría la paz, y las armas no se utilizarían más. Anterior a Daniel, Isaías escribió esto:

> Lo que vio Isaías hijo de Amoz acerca de Judá y de Jerusalén. Acontecerá en lo postrero de los tiempos, que será confirmado el monte de la casa de Jehová como cabeza de los montes, y será exaltado sobre los collados, y correrán a él todas las naciones. Y vendrán muchos pueblos, y dirán: Venid, y subamos al monte de Jehová, a la casa del Dios de Jacob; y nos enseñará sus caminos, y caminaremos por sus sendas. Porque de Sion saldrá la ley, y de Jerusalén la palabra de Jehová. Y juzgará entre las naciones, y reprenderá a muchos pueblos; y volverán sus espadas en rejas de arado, y sus lanzas en hoces; no alzará espada nación contra nación, ni se adiestrarán más para la guerra.
>
> — Isaías 2:1-4

Jesús, el descendiente de David, es el que da a Nicodemo dos requisitos para que entre en el reino tan esperado. Nicodemo debe hacerle caso. Y los dos requisitos se unen en un solo acto, es decir, que, en el momento del bautismo, uno participa del agua, y como consecuencia, recibe el Espíritu Santo (Hechos 2:38).

Jesús dice a Nicodemo que es necesario nacer de nuevo (v.3), frase que equivale a nacer del agua y del Espíritu (v.5). Llaman la atención estas palabras por lo semejante a lo que escribió el apóstol Pablo. En Romanos 6:4, nos dice que nosotros, una vez que somos bautizados, comenzamos a andar en *vida nueva*. En 2 Corintios 5:17 vemos que el que está en Cristo, es una *nueva criatura*. Para ser una nueva criatura, necesitamos nacer de nuevo, es decir, nacer del agua y del Espíritu.

Morimos al pecado y nacemos a una vida nueva

Sin duda, el texto de Juan 3:5 es una clara referencia al bautismo, de acuerdo con lo que hemos estado observando. Otra cosa más por considerar es la frase en griego que aparece aquí. Cuando Jesús habla de los dos requisitos en la frase "de agua y del Espíritu", en griego la frase es: *ἐξ ὕδατος καὶ πνεύματος*.

La preposición que se usa aquí es "***ek***", y ella está en el caso genitivo. Esta preposición tiene varios significados o acepciones. Vine, dice en su libro *Aprenda el griego del Nuevo Testamento*, que esta preposición es gobernada, es decir, más comúnmente usada, en el caso genitivo. Expresa lugar, origen, fuente, o causa (pp. 190, 191). Guillermo H. Davis, en su *Gramática elemental del griego del Nuevo Testamento* nos dice que esta preposición se traduce como "de, fuera de, sólo con el ablativo" (p. 27). Por otro lado, Thayer, en su *Léxico del Nuevo Testamento* sitúa la preposición que se usa aquí en Juan, en el punto II, significando origen, fuente, o causa. Lo interesante que nos dice Thayer, es que cuando va seguido del verbo "nacer", se usa con estas acepciones (p.190). Esta preposición es muy importante, ya que su uso aquí significa la fuente u origen del nacimiento. Ahora bien, otra cosa importante aquí es que la palabra Espíritu no tiene preposición y tanto agua como Espíritu van unidas la una de la otra con la conjunción ***kai*** (y, en griego). Todo esto nos enseña aquí que esta preposición ***ek*** abarca a las dos palabras agua y Espíritu. Entonces, para que ocurra el nuevo nacimiento no es que uno tenga que nacer del agua o del Espíritu, sino de los dos.

Es interesante el comentario que hace Frederick Dale Bruner, acerca de este pasaje. Él dice:

> El agua y el don del Espíritu Santo no pueden estar más íntimamente ligados que en Juan

Bautizarse ¿para qué?

3:5, "de agua y del Espíritu". [En el griego original] Juan no usa la preposición "de" (ex) antes de la palabra "Espíritu", como si estuviera describiendo dos eventos separados. El único ex que hay describe una única ocasión. Esta unicidad se acaba de establecer, además, por medio del pasivo aoristo subjuntivo *gennëthë*, el cual significa literalmente: "una vez nacido" del agua y del Espíritu . . . En lo espiritual, un hombre es nacido sólo una vez y ello, cuando lo es "de agua y del Espíritu" (pp. 257, 258).

Una cosa más que debemos recordar es que los evangelios fueron escritos posteriormente al tiempo en que las palabras de nuestro Señor Jesucristo fueron dichas. Con esto en mente, deberíamos considerar que los primeros lectores de los evangelios ya concebían las cosas que los apóstoles enseñaban. Cada lector, cada oyente que escuchó en su momento las palabras del Apóstol Juan con seguridad entendía y relacionaba que el agua y el Espíritu eran los dos factores que se consideraban para poder entrar en el reino de Dios. Todos que deseaban formar parte de la iglesia que el Señor Jesucristo fundó quisieron tener esta experiencia del agua y del Espíritu.

Ninguno negará que el Espíritu Santo es una parte muy importante para que Dios reconozca al que es suyo (Romanos 8:9). Y ninguno negará que el Espíritu tiene lugar muy importante en el nacimiento que es para entrar en el reino de Dios (Juan 3:5). Así que ¿podríamos negar la importancia del bautismo para participar en el nuevo nacimiento? Si desacreditamos el agua como importante para el nuevo nacimiento, también estaremos desacreditando el Espíritu Santo. Los dos están unidos según este pasaje y son necesarios para que el nuevo nacimiento pueda llevarse a cabo.

Capítulo 4

Nos relacionamos con el Padre, el Hijo y el Espíritu Santo

Por tanto, id, y haced discípulos a todas las naciones, bautizándolos en el nombre del Padre, y del Hijo, y del Espíritu Santo . . .
— Mateo 28:19

Este es el versículo que muchas veces es repetida en un bautismo: ". . . en el nombre del Padre, y del Hijo y del Espíritu Santo". Pero, ¿qué entendieron los apóstoles al escucharle al Maestro decir, ". . . bautizándolos en el nombre del Padre . . ."? Aquí está el texto:

. . . bautizando los	en el nombre del Padre
βαπτίζοντες αὐτοὺς	εἰς τὸ ὄνομα τοῦ πατρὸς

Así leemos esta porción del versículo en el texto griego, y hay dos maneras más exactas de traducir este texto por la preposición griega usada en él. La preposición **eis** (que en español equivale la palabra "en" en la versión RVR60) en este versículo tiene el sentido de **entrar hacia**. De manera que la primera traducción más exacta podría ser: **Bautícenlos para que entren hacia una relación con el Padre.** Y la otra toma en cuenta que la preposición va seguida de la

Bautizarse ¿para qué?

palabra "nombre" (*onoma*) que en el primer siglo era utilizada como señal de autoridad, posesión absoluta. Entonces la segunda manera es: **Bautícenlos para que sean posesión absoluta del Padre** o mejor aun: **para que entren a ser posesión absoluta del Padre**. De manera que el texto nos enseña que cuando somos bautizados, somos sumergidos para ser posesión absoluta y tener una relación con Dios. De aquí que, si no somos bautizados, no tendremos esa comunión con Dios y no seremos posesión de él. Una vez más demostramos que debemos ser bautizados. Vale la pena mencionar la nota que trae el Nuevo Testamento Interlineal Griego-Español del señor Francisco Lacueva sobre la frase "en el nombre". Él dice: "en el nombre. Lit. hacia el nombre. La preposición indica una dedicación a la Trina Deidad".

Este versículo tiene aún algo muy importante que resaltar: bautismo tiene autoridad divina. Este mandamiento de hacer discípulos y de bautizarlos y enseñarlos, es de nuestro Señor Jesucristo, quien es Dios. ¿Por qué hacer este señalamiento? Porque muchos dudan que el bautismo que hoy practicamos, que es este mismo que nuestro Señor Jesús mandó, tenga una base divina para llevarse a cabo.

Una vez nuestro Señor preguntó a los líderes judíos de dónde era el bautismo de Juan y ellos negaron saberlo (Mateo 21:25-27). Pero Juan el Bautista había declarado de dónde era su bautismo, quién lo había mandado bautizar y con qué:

> Y yo no le conocía; *pero el que me envió a bautizar con agua*, aquél me dijo: Sobre quien veas descender el Espíritu y que permanece sobre él, ése es el que bautiza con el Espíritu Santo
>
> — Juan 1:33
> [Énfasis añadido]

Nos relacionamos con el Padre, el Hijo y el Espíritu Santo

Sin duda alguna todos los creyentes hoy reconocen que el bautismo que realizaba Juan el bautista era bajo una orden divina. ¿Por qué, entonces, negar que el bautismo que se practica hoy tenga una ordenanza divina si el mismo Señor Jesucristo, quien es Dios, lo mandó?

Hay, todavía otro asunto que es digno de considerar en este pasaje: El Señor Jesucristo señaló el acto del bautismo y lo apartó de "las cosas" que deben ser enseñadas a las personas que se han convertido en discípulos de Cristo (Mateo 28:20).

Muchos han restado importancia al acto del bautismo desacreditándolo como algo que tengamos que hacer para obtener la salvación, argumentando que no somos salvos por obras (Efesios 2:9). Es claro que nosotros no somos salvos por alguna obra nuestra que hayamos hecho (Tito 3:5). Pero es importante resaltar que se habla de obras que hacemos nosotros para encontrar la justicia en nuestra vida, como por ejemplo decir: "Donaré cien mil pesos a un hospital para ayudar a los enfermos, y así ganarme el cielo".

Volvamos al bautismo que practicaba Juan el Bautista, pues hay algo interesante aquí. Ya dijimos que nadie puede negar que Juan fue enviado por Dios a bautizar con agua. Esto nos lleva a que la obra del bautismo que hacía Juan no era una obra de los hombres, es decir, algo que a ellos se les hubiera ocurrido hacer. No, es un acto, una obra que Dios designó, para que la gente la obedeciera.

Entonces, el bautismo que practicaba Juan el Bautista es importante por su origen divino. Es decir, es una obra divina de la cual el hombre obedece. Lucas también comenta lo importante que era el bautismo de Juan.

Bautizarse ¿para qué?

Mas los fariseos y los intérpretes de la ley desecharon *los designios* de Dios respecto de sí mismos, no siendo bautizados por Juan.

— Lucas 7:30
[Énfasis añadido]

La *Nueva Versión Internacional* de la Biblia, traduce este versículo de la siguiente manera:

Pero los fariseos y los expertos en la ley no se hicieron bautizar por Juan, rechazando así *el propósito* de Dios respecto a ellos.

— Lucas 7:30
[Énfasis añadido]

Nota, como esta última versión citada, traduce la palabra "designios" como "propósito". Lo que los judíos hicieron fue rechazar lo que Dios tenía para ellos, al rechazar el bautismo. Este pasaje nos enseña una vez más que la obra del bautismo, no es obra de hombre sino de Dios.

¿Qué tiene que ver esto con el bautismo de Cristo? ¡Mucho! Mira la relación que hay entre estos bautismos:

Bautismo por Juan el Bautista	Bautismo ordenado por Jesús
Ordenado por Dios: Juan 1:33	Ordenado por Jesús quien es Dios Mateo 28:19
Para cumplir el propósito de Dios para los judíos Lucas 7:30	Para el propósito de hacer discípulos a todas las naciones Mateo 28:19
Es una obra de Dios para que el hombre la obedezca (Juan 1:33; Lucas 7:29, 30)	Es una obra de Cristo, quien es Dios, para que el hombre la obedezca (Mateo 28:19; Marcos 16:15, 16)

Nos relacionamos con el Padre, el Hijo y el Espíritu Santo

Entendamos, pues, que el bautismo que Cristo ordena no es una de las buenas obras que el hombre pudiera hacer, sino que es una obra ordenada por Dios para que el hombre la obedezca. Cristo instruyó a bautizar a los nuevos discípulos y luego a enseñarles a guardar todo lo que él había mandado. Y esto es lo que distingue al acto del bautismo. Si decimos que el bautismo es una obra, asegurémonos de decir ampliamente que es una obra de Dios que el hombre solamente obedece.

El pasaje de Mateo 28:19 nos enseña que uno debe ser bautizado para entrar en una relación con el Padre, el Hijo y el Espíritu Santo. Por medio del bautismo uno se convierte en discípulo comprometido del Señor Jesucristo, y el bautismo es una obra designada por Dios para que el hombre la obedezca.

Capítulo 5

Nos salva

El bautismo que corresponde a esto ahora nos salva (no quitando las inmundicias de la carne, sino como la aspiración de una buena conciencia hacia Dios) por la resurrección de Jesucristo . . .
— 1 Pedro 3:21

El que creyere y fuere bautizado, será salvo; mas el que no creyere, será condenado.
— Marcos 16:16

Después de Hechos 2:38, estos dos versículos son los más atacados por los que niegan la eficacia del bautismo para obtener salvación. Examinemos estos dos textos para ver la interpretación de los que disminuyen el papel del bautismo y veamos también lo que dice el Espíritu Santo.

Bautizarse ¿para qué?

1Pedro 3:21

El que también	nos	como antitipo	ahora	salva
ὃ καὶ	ὑμᾶς	ἀντίτυπον	νῦν	σῴζει
bautismo, no	**de (la) carne**	**el quitar**	**(la) suciedad,**	
βάπτισμα, οὐ	σαρκὸς	ἀπόθεσις	ῥύπου,	
sino de una conciencia	**buena**	**(como) respuesta**		
ἀλλὰ συνειδήσεως	ἀγαθῆς	ἐπερώτημα		
hacia Dios, mediante	**(la) resurrección**	**de Jesucristo**		
εἰς θεόν, δι'	ἀναστάσεως	Ἰησοῦ Χριστοῦ		

Los que niegan el bautismo para salvación dan a este versículo la siguiente explicación: Dicen que Pedro no está hablando del bautismo en agua, sino del bautismo de sufrimientos (del que leemos en Lucas. 12:50) que Cristo efectuó al morir en la cruz. Esto lo explican haciendo una maraña de cosas y explicando (según ellos) algunos pasajes sacándolos de su contexto. Dicen también, que el medio que Dios utilizó para salvar a Noé y su familia fue el arca, no el agua. Dicen que el agua es el juicio que Dios utilizó para castigar al mundo antiguo en tiempos de Noé y que el arca salvó a Noé y su familia del juicio del agua. En otras palabras, están diciendo que en el arca Dios salvó a Noé y su familia del agua, que era el juicio.

Otras cosas más que ellos dicen es que el arca es el tipo de Cristo y el agua mencionada es el tipo del bautismo de sufrimientos. Pero lo extraño es que ellos enseñan que el bautismo en agua representa que han muerto al pecado y que han sido nuevas criaturas, pues andan en una novedad de vida. También dicen si el bautismo salva, entonces el sacrificio de Cristo fue en vano, y que, si el bautismo salva,

Nos salva

hacemos salvador al bautismo y no a Cristo quien murió por nuestros pecados. Infinidad de cosas que inventan e infinidad de sofismas o malos razonamientos que hacen para tratar de negar que el bautismo sea para salvación.

Algo que debemos aclarar es que nunca hemos dicho que el bautismo sea el salvador como nos acusan. Hemos dicho que Cristo es el único Salvador y que obtenemos la salvación sólo a través de él (Juan 3:17; 1Timoteo 2:5; Hechos 4:12). Aclaramos que Dios ha establecido requisitos para obtener esa salvación, que es a través de su Hijo Jesucristo.

Así que la fe es por el oír, y el oír, por la palabra de Dios.	Romanos 10:17	Según esta Escritura, hay que _____.
Porque también a nosotros se nos ha anunciado la buena nueva como a ellos; pero no les aprovechó el oír la palabra, por no ir acompañada de fe en los que la oyeron.	Hebreos 4:2	Según esta Escritura, hay que _____.
Porque de tal manera amó Dios al mundo, que ha dado a su Hijo unigénito, para que todo aquel que en él cree, no se pierda, más tenga vida eterna	Juan 3:16	Según esta Escritura, hay que _____.

Bautizarse ¿para qué?

El que cree en el Hijo tiene vida eterna; pero el que rehúsa creer en el Hijo no verá la vida, sino que la ira de Dios está sobre él.	Juan 3:36	Según esta Escritura, hay que _____ .
Os digo: No; antes si no os arrepentís, todos pereceréis igualmente.	Lucas 13:3	Según esta Escritura, hay que _____ .
Os digo: No; antes si no os arrepentís, todos pereceréis igualmente.	Lucas 13:5	Según esta Escritura, hay que _____ .
El Señor no retarda su promesa, según algunos la tienen por tardanza, sino que es paciente para con nosotros, no queriendo que ninguno perezca, sino que todos procedan al arrepentimiento.	2 Pedro 3:9	Según esta Escritura, hay que _____ .
Pero Dios, habiendo pasado por alto los tiempos de esta ignorancia, ahora manda a todos los hombres en todo lugar, que se arrepientan.	Hechos 17:30	Según esta Escritura, hay que _____ .

Nos salva

... que si confesares con tu boca que Jesús es el Señor, y creyeres en tu corazón que Dios le levantó de los muertos, serás salvo. Porque con el corazón se cree para justicia, pero con la boca se confiesa para salvación.	Romanos 10:9, 10	Según esta Escritura, hay que _____.
Felipe dijo: Si crees de todo corazón, bien puedes. Y respondiendo, dijo: Creo que Jesucristo es el Hijo de Dios.	Hechos 8:37	Según esta Escritura, hay que _____.
Pedro les dijo: Arrepentíos, y bautícese cada uno de vosotros en el nombre de Jesucristo para perdón de los pecados; y recibiréis el don del Espíritu Santo.	Hechos 2:38	Según esta Escritura, hay que _____.
Ahora, pues, ¿por qué te detienes? Levántate y bautízate, y lava tus pecados, invocando su nombre.	Hechos 22:16	Según esta Escritura, hay que _____.

Bautizarse ¿para qué?

Y cuando fue bautizada, y su familia, nos rogó diciendo: Si habéis juzgado que yo sea fiel al Señor, entrad en mi casa, y posad. Y nos obligó a quedarnos.	Hechos 16:15	Según esta Escritura, hay que _____.
Y llevándolos a su casa, les puso la mesa; y se regocijó con toda su casa de haber creído a Dios.	Hechos 16:34	Según esta Escritura, hay que _____.
Y les dijo: Id por todo el mundo y predicad el evangelio a toda criatura. El que creyere y fuere bautizado, será salvo; mas el que no creyere, será condenado.	Marcos 16:15, 16	Según esta Escritura, hay que _____.

Nos salva

Por tanto, id, y haced discípulos a todas las naciones, bautizándolos en el nombre del Padre, y del Hijo, y del Espíritu Santo; enseñándoles que guarden todas las cosas que os he mandado; y he aquí yo estoy con vosotros todos los días, hasta el fin del mundo. Amén.	Mateo 28:19, 20	Según esta Escritura, hay que _____.
El bautismo que corresponde a esto ahora nos salva (no quitando las inmundicias de la carne, sino como la aspiración de una buena conciencia hacia Dios) por la resurrección de Jesucristo.	1 Pedro 3:21	Según esta Escritura, hay que _____.

Uno de estos requisitos es el bautismo en agua. No afirmamos que el bautismo sea lo único que salva al hombre, pero sí hemos dicho que es un requisito para que el hombre sea salvo, pues esto es lo que la Biblia dice.

¿Qué dice el Espíritu Santo a través de Pedro en este versículo (1 Pedro 3:21)? Enfoquemos lo que viene hablando Pedro en este capítulo. Desde el capítulo 2, versículo 11, el Apóstol Pedro exhorta a los cristianos a mantener una

Bautizarse ¿para qué?

buena manera de vivir entre los gentiles. Esta la logran absteniéndose de los deseos carnales. Y les dice todo esto para que, haciéndolo, los gentiles glorifiquen a Dios al ver su manera de vivir (v.12).

En seguida pasa a decirles lo que deben hacer en cuanto a su comportamiento:

(1) Someterse a toda institución humana (vv. 13-16).

(2) Honrar a todos (v. 17).

(3) Amar a los hermanos (v. 17).

(4) Temer a Dios (v. 17).

(5) Honrar al rey (v. 17).

(6) Los criados deben sujetarse a sus amos (v. 18).

(7) Deben saber padecer injustamente y les recuerda que al sufrir de esa manera (injusta), padecen como Cristo (vv. 19-25).

(8) Las esposas deben estar sujetas a sus maridos (3:1-2).

(9) Las esposas deben adornarse con un espíritu afable en lugar de lujosos peinados, adornos o vestidos (vv. 3-6).

(10) Los maridos deben vivir con ellas sabiamente, tratándolas como a vaso más frágil (v. 7).

(11) Todos los cristianos deben demostrar el mismo carácter de Cristo frente a los del mundo, y les recuerda que mejor es que padezcan (si así Dios lo permite) haciendo el bien y no el mal (vv. 8-17). Sufrir por el bien es consecuencia de resistir el pecado. En este contexto, ¿cuál creyente no pensará en el ejemplo supremo nuestro? Cristo padeció una sola vez por los pecados (v. 18).

No repite el Apóstol Pedro lo bien conocido, que el sufrimiento de Cristo no fue merecido, sino se extiende y se dirige hasta el ejemplo de Noé. Expresa que Cristo, en

Nos salva

espíritu, estuvo predicando por medio de Noé, "pregonero de justicia" (2Pedro 2:5), a esas personas que vivieron durante ese tiempo. Ellos perecieron por el diluvio por no obedecer a Noé, por seguir en su pecado. Simplemente hicieron caso omiso a las palabras de Noé, no entrando en el arca que Dios le mandó preparar. Y dice Pedro que solamente ocho personas fueron salvas.

¿No es interesante que Hebreos 11:7 nos dice que Noé fue salvado por *la fe* que tuvo en las palabras que Dios le dijo? Por esa misma fe, condenó al mundo de ese tiempo. Entonces la fe que tuvo Noé causó dos cosas: (1) le salvó a él y su familia, y (2) condenó al mundo.

Ahora llegamos al meollo del asunto que venimos tratando. Pedro dice en el versículo 20, lo siguiente:

> . . . los que en otro tiempo desobedecieron, cuando una vez esperaba la paciencia de Dios en los días de Noé, mientras se preparaba el arca, en la cual pocas personas, es decir, ocho, *fueron salvadas por agua.*
>
> — 1 Pedro 3:20
> [énfasis añadido]

Él menciona que esas pocas personas fueron salvadas *por agua*. La preposición griega que Pedro utiliza aquí es la preposición *dia* que significa "a través de". Esta preposición nos dice qué es lo que Dios utilizó para salvar a Noé y su familia. Fue el agua. El agua fue el medio para llevar a Noé y su familia a un mundo nuevo, limpio de pecado.

De esta manera entendemos que el agua tuvo dos propósitos: (1) destruir a los pecadores del tiempo de Noé, y (2) llevar a las ocho personas a un mundo nuevo, limpio de pecado. Igual que en Hebreos 11:7 la fe sirvió para salvar

Bautizarse ¿para qué?

a Noé y su familia y condenar al mundo de su tiempo, así sucedió con el agua, salvó a unos y condenó a otros.

Ahora bien, los que niegan que el agua fue el medio para salvar a Noé y su familia, dicen que la preposición *dia* significa "a través de". En seguida explican que ellos no fueron salvados **por** el agua, sino que fueron salvados ***a través del*** agua como un resultado de haber entrado en el arca. Dicen que ellos, estando en el arca, fueron salvados ***de*** las aguas.

Pedro está diciendo (según explican), que Noé y su familia fueron "salvados del agua" o "salvados frente al agua" como a veces decimos. Si esta fuera la idea que Pedro presenta, ¿por qué ninguna de las traducciones de la Biblia traduce como ellos dicen? ¿Por qué, si esa es la idea presentada, no tradujeron "salvados del agua" en vez de "salvados por el agua o a través del agua"? Supongamos por un momento que ellos tienen razón. Supongamos que dándole el sentido que ellos dan a la preposición, la de que Noé y su familia fueron capaces de pasar con toda seguridad a través de las aguas.

Al final del versículo 21, leemos: . . . ***por la resurrección de Jesucristo*** . . . Aquí aparece la misma preposición *dia* y la misma construcción gramatical que encontramos en el versículo 20, cuando dice ***salvados por agua***. ¿Quiere decir Pedro en el versículo 21, que, teniendo una buena conciencia hacia Dios, somos capaces de pasar con toda seguridad a través de la resurrección de Jesucristo? ¡Claro que no! En Juan 3:17 nos dice que Dios envió a su Hijo para que el mundo sea . . . ***salvo por él***. Aquí encontramos la misma preposición ***día*** y la misma construcción gramatical que en 1 Pedro 3:20 y 21.

¿Quiere decir aquí, que Dios envió a su Hijo para que el mundo sea salvo, siendo capaces de pasar con toda seguridad

Nos salva

a través de él (de Cristo)? ¡Claro que no! La idea que ellos dan a la preposición no entra en ningún lugar. 1Pedro 3:21 dice que somos salvos en el bautismo pidiendo una conciencia limpia a Dios, y esto es logrado a través de la resurrección de Jesucristo. Juan 3:17 dice que Dios envió al mundo para que el mundo sea salvo a través de él. Esto es claro porque Cristo es el medio para llegar a Dios y a través del cual obtenemos la salvación (1 Timoteo 2:5; Hechos 4:12).

Si estos dos textos dicen tal cosa, y si es la misma construcción gramatical y la misma preposición griega *dia* usada en 1 Pedro 3:20, cuando dice que fueron "salvados por el agua", ¿por qué no aceptar que realmente Pedro está diciendo que Noé y su familia fueron "salvados a través del agua", es decir, que el agua fue el medio de salvación para aquellas ocho personas? De hecho, algunas versiones de la Biblia traducen esta frase "salvados a través del agua". La traducción es fiel y natural.

A todo esto, el versículo 21, en griego, literalmente dice así: *la cual (agua) también (el) antitipo ahora nos salva, bautismo.* Pedro dice que el bautismo en agua que es el antitipo del agua que salvó a aquellas ocho personas, ahora nos salva. Francisco Lacueva, en su Nuevo Testamento Interlineal Griego-Español, en su nota sobre la palabra "antitipo", dice lo siguiente: "*Como antitipo*. Es decir, como realidad correspondiente (a aquella figura)". A continuación, cito algunas traducciones de la Biblia para que usted note cómo es que tradujeron esta parte:

Versión Hispano Americana:

. . . la cual también ahora, en lo que prefigura, el bautismo os salva.

Bautizarse ¿para qué?

Versión Nácar Colunga:
Esta os salva ahora a vosotros, como antitipo, en el bautismo.

Versión de Pablo Besson:
La cual también os salva ahora en antitipo, bautismo que...

Versión Moderna:
La cual era tipo del bautismo que ahora nos salva a nosotros.

Versión Latinoamericana:
Ustedes reconocen en esto la figura del bautismo que ahora los salva.

Versión Sagrada Biblia:
El agua os salva ahora en su representación exacta, el bautismo...

Todas estas versiones hacen referencia al bautismo en agua, el cual (dice Pedro que) ahora nos salva.

Hay otro dato importante: En el versículo 20 se habla del momento en que ocho personas "fueron salvadas". Nota que el versículo indica un tiempo pasado. En contraste el versículo 21, al hablar del bautismo dice que éste "ahora" nos salva, es decir, en el tiempo presente, en el momento en que Pedro está escribiendo. Esto nos muestra un contraste entre los métodos de salvación.

1. En el tiempo de Noé, el agua los salvó.

2. En el tiempo de Pedro, el bautismo salva, y esto por medio de la resurrección de Jesucristo.

Nos salva

Miremos cómo es que Pedro muestra la fe y el bautismo tomados de la mano. ¿Cómo podría ser más claro? Pedro dice que el bautismo en agua nos salva. Con todo esto, algunos siguen intentando negar la eficacia del bautismo en agua diciendo que *las inmundicias de la carne* que menciona Pedro en este versículo, son el pecado, y como Pedro explica que el bautismo no quita tales inmundicias, por lo tanto, no quita el pecado.

¿Será el pecado a que Pedro se refiere al mencionar las inmundicias de la carne? No. Pedro dice que el bautismo no limpia la suciedad del cuerpo, esto es *las inmundicias de la carne*, sino el pecado. Marcos 7:1-2 nos explica lo inmundo, de lo que tratamos también aquí.

> Se juntaron a Jesús los fariseos, y algunos de los escribas, que habían venido de Jerusalén; los cuales, viendo a algunos de los discípulos de Jesús comer pan con manos inmundas, esto es, no lavadas, los condenaban.
>
> — Marcos 7:1-2

Este mismo versículo habla de lo "inmundo" que trata el apóstol Pedro, y claramente dice que lo inmundo es la suciedad del cuerpo. Cito a continuación la traducción que hacen algunas versiones de la Biblia sobre esto, para que quede más entendido:

Nueva Versión Internacional:
El bautismo no consiste en la limpieza del cuerpo

Versión Sagrada Biblia:
. . . el bautismo; el cual no es una limpieza de la mugre corporal

Bautizarse ¿para qué?

Versión Latinoamericana:
... no esperaban de él una limpieza corporal

N. T. Versión: Dios llega al hombre:
El bautismo no consiste en limpiar el cuerpo

Versión de Las Américas:
(... no quitando la suciedad de la carne ...)

N. T. Versión CEBIHA:
... no para quitar la suciedad del cuerpo

El apóstol Pedro no iguala el pecado con las inmundicias de la carne, sino enfatiza el contraste entre los dos. Decir lo contrario es forzar el texto. Es una enseñanza equivocada. El apóstol Pedro es muy explícito al anunciar a los cristianos que el bautismo es para salvación, y que este bautismo es en agua.

Y ahora vemos el texto bíblico que es quizá el segundo más atacado por los que niegan que el bautismo sea para salvación. Estamos hablando de:

Marcos 16:16

El que creyere y fuere bautizado, será salvo;
ὁ πιστεύσας καὶ βαπτισθεὶς σωθήσεται,

mas el que no creyere, será condenado.
ὁ δὲ ἀπιστήσ κατακριθήσεται.

El punto que defienden de este versículo, es que lo importante es el creer para ser salvo, y no el bautismo, pues Cristo no dijo, "más el que no creyere y no fuere bautizado, será condenado". A continuación, pongo mi estudio que

Nos salva

presenté en un folleto hace algún tiempo, esperando que esto ayude a la comprensión del texto de Marcos 16:16. Al final del estudio que pongo, seguiré tratando un poco más el tema en consideración.

Inicio del estudio presentado originalmente en forma de folleto:

¿Qué debo hacer para ser salvo(a)?

Dios le bendiga. Antes que nada, quiero agradecer su interés en conocer, realmente, lo que Dios quiere que hagamos para ser salvos. Querido amigo(a), quiero pedirle que usted borre de su mente todos los prejuicios que tenga en cuanto a este tema y permita que el Espíritu Santo le guíe hacia lo que la Biblia nos muestra.

Dentro del mundo religioso puede haber diferentes respuestas a la pregunta anterior, pero una es la que sobresale, y es la siguiente: *"Cree solamente y serás salvo"*, y a decir verdad esta respuesta es bíblica. La encontramos en Hechos 16:31; donde Pablo, junto con Silas, responden al carcelero cuando él pregunta ¿qué debo hacer para ser salvo? Ellos responden: "Cree en el Señor Jesucristo, y serás salvo, tú y tu casa". Pero, ¿será que solamente creyendo eres salvo(a)? Según este pasaje sí. Sin embargo, Cristo dijo en Lucas 13:3, 5 . . . si no os arrepentís, todos pereceréis. ¿Notas que en este pasaje somos salvos si solamente nos arrepentimos? En Juan 3:5, Cristo dijo a Nicodemo que, si no nacía del agua y del Espíritu, no podría entrar en el reino de Dios. El apóstol Pedro también dijo en

Bautizarse ¿para qué?

su primera carta, capítulo 3, versículo 21, que el bautismo nos salva.

Si leemos solamente Romanos 10:9, 10, encontraremos que para ser salvos sólo debemos confesar y creer en Cristo. Un poco más delante, en el verso 13, si solamente leyéramos el texto, encontraríamos que para obtener la salvación bastaría con invocar solamente al Señor. ¿Qué es esto? ¿Será que solo creyendo soy salvo(a)? La Biblia nos muestra que no, pues hemos visto muchos textos que nos hablan acerca de la salvación que nos dicen que no sólo creyendo es uno(a) salvo(a) ¿verdad? Pues unos textos nos dicen que, sólo confesando, otros que, sólo bautizándose, etc. Entonces, ¿qué debemos hacer? En Salmo 119:160 encontramos un principio que nos ayudará a entender la Biblia y no cometer alguna equivocación.

El versículo dice en sus primeras palabras: *La **suma** de tu palabra es verdad* (énfasis añadido). El texto nos dice que la totalidad de las palabras de Dios son verdad. Pero también es cierto que encontramos un principio el cual es que, si sumamos la palabra de Dios, encontraremos la verdad acerca del tema que nos interesa. Entonces, si nosotros sumamos los pasajes que nos hablan de la salvación, encontraremos que para ser salvos debemos: Creer, Arrepentirnos, Confesar y ser Bautizados, ¿verdad?

Así que no somos salvos solamente creyendo. Cristo resumió estos pasos de salvación en dos; él dijo en Marcos 16:16: *El que creyere y fuere*

Nos salva

bautizado, será salvo. ¿Te fijas que el orden de Cristo, para obtener la salvación es:

Creer + Bautismo = Salvación?

Pondré una vez más el orden que Cristo da para ser salvos, pero ahora lo compararemos con el orden que ponen los católicos y los protestantes o evangélicos:

Orden de Cristo, el bíblico:
Creer + Bautismo = Salvación

Orden Católico:
Bautismo = Salvación, después Creer

Orden Protestante:
Creer = Salvación, después Bautismo

Ahora te preguntaré: ¿Cuál de estos tres, es el orden correcto para obtener la salvación—el protestante, el católico o el de Cristo? Estará de acuerdo conmigo en que el correcto es el de Cristo, ¿verdad? Ahora bien, si el orden de Cristo es el correcto, ¿será cierto que sólo creyendo seremos salvos? Sin duda alguna que ***NO*** es así. Pero, ¿será cierto que para ser salvos debemos hacer esto? Le invito a leer las siguientes citas que nos ayudarán a darnos cuenta de esto y a confirmar qué es el orden correcto para ser salvo(a). A través de estas citas nos daremos cuenta de que todos los que creyeron al evangelio, fueron bautizados y de esta manera, salvos.

Bautizarse ¿para qué?

¿Quiénes fueron y qué hicieron para ser salvos? – Una guía segura para usted.

Ellos Creyeron, Se Arrepintieron, Confesaron (declararon) y Fueron Bautizados (sumergidos totalmente en agua).

Los judíos en Pentecostés: Hechos 2:37, 44, 38, 41.

El eunuco etíope: Hechos 8:37, 38.

Los Samaritanos: Hechos 8:6, 12.

Saulo de Tarso: Gálatas 2:16; Hechos 9:18; 22:6-16.

Cornelio: Hechos 10:34; 15:7; 11:18; 10:48.

Lidia: Hechos 16:14, 15.

El carcelero de Filipos: Hechos 16:31-33.

Leemos claramente en estos textos que los que creyeron al evangelio fueron bautizados y después de ello, salvos. No solamente creyeron y fueron salvos, sino que creyeron, fueron bautizados (sumergidos en agua) y después salvos. Y esto es de esperarse, pues, el mismo Señor Jesucristo dijo que de esta manera serían salvos. Él dijo a sus discípulos: **Id por todo el mundo y predicad el evangelio a toda criatura. El que creyere y fuere bautizado, será salvo** (Marcos 16:15-16). Estos no son requisitos que los humanos ponemos para que la gente sea salva, sino que son los requisitos que Cristo mismo dejó establecidos para que usted, yo y todo el que quiera ser salvo los lleve a cabo. Si usted quiere ser salvo(a), debe oír el evangelio, creerlo y ser bautizado(a). Si usted hace esto, será salvo(a); pero si usted cree solamente debe entender que no ha sido salvo(a) aún, pues Cristo dijo que debía ser bautizado(a) y después sería salvo(a).

Nos salva

Déjeme ponerle un ejemplo para que usted pueda entender mejor esto: Existe la anécdota de unos pescadores que se estaban ahogando, de pronto los vio un señor y este mandó llamar a su hijo, y le dijo que tomara la lancha, un salvavidas, una cuerda, y que fuera a rescatarlos.

El hijo fue con todo lo que el padre le dijo y los rescató. Ahora le pregunto a usted, ¿qué cosa fue lo que salvó a los pescadores: el hijo? ¿Y si el padre no lo hubiera enviado? ¿O si el hijo no hubiera llevado la cuerda o el salvavidas?

Estará usted de acuerdo conmigo que fue necesario todo esto para que los pescadores fueran salvados, ¿verdad? Así es con la salvación, si usted cree al evangelio, pero no es bautizado(a), usted no ha sido salvo(a); de la misma manera si es bautizado(a) pero no ha creído al evangelio, de nada le sirve, usted no ha sido salvo(a). Pero si usted cree al evangelio y es bautizado(a) esté seguro(a) de que es salvo(a) pues esto es lo que dice la Biblia.

La intención de este estudio es invitarle a reflexionar por un momento sobre su salvación, pues tristemente hay personas que creen que son salvas, pero en realidad no lo son, y es muy importante que medite usted cómo se encuentra. Usted es quien realmente sabe si ha creído al evangelio y ha sido bautizado(a) para obtener la salvación. Tal vez en el lugar donde usted se reúne, le enseñen que sólo creyendo uno es salvo, que usted no necesita el bautismo para obtener la salvación, pero la Biblia nos enseña lo contrario. ¿A quién creerá usted, a los hombres o

Bautizarse ¿para qué?

a la Palabra de Dios? La respuesta la tiene usted. Dios le ayude a reflexionar sobre su salvación.

Fin del estudio: ¿Qué debo hacer para ser salvo(a)?

Marcos 16:15-16 es el texto que enfocamos en este momento.

Y les dijo: Id por todo el mundo y predicad el evangelio a toda criatura. El que creyere y fuere bautizado, será salvo; mas el que no creyere, será condenado.

— Marcos 16:15-16

Hagámosle una pregunta al texto. ¿Qué debo hacer para ser salvo? La respuesta obviamente no es: el que no creyere será condenado, ¿verdad? La respuesta es: creer y ser bautizado. Ahora preguntémosle lo siguiente: ¿Qué sucederá si la persona no cree? La respuesta es: será condenado.

Es importante que entendamos la razón del por qué no repite al final, "el que no fuere bautizado". En primera, no es necesario repetirlo, pues lo principal, para que una persona quiera ser bautizada, es primeramente creer. Si esto no es así, nunca será bautizada, pues si no cree, no ha entendido el sacrificio de Cristo.

La Biblia muestra en Romanos 10:17, que la fe viene por el oír la palabra de Dios, es decir, que para creer debemos oír la palabra de Dios. En Hechos 8:37, encontramos otro claro ejemplo de que, si no cree la persona, no querrá ser bautizada. Este ejemplo es cuando Felipe está hablando con el etíope sobre el bautismo y, al llegar a cierta agua, el eunuco preguntó a Felipe qué le impedía ser bautizado. Él contestó, *Si crees de todo corazón, bien puedes.* Y Cristo, mientras estuvo en la tierra, dijo, . . . *porque si no creéis que yo soy, en vuestros pecados moriréis* (Juan 8:24).

Nos salva

Esto demuestra el por qué Cristo terminó diciendo que el que no creyera, sería condenado. Pero eso no quita que el bautismo sea necesario para la salvación. Cristo nunca quiso eliminar el bautismo en este versículo sólo por no repetirlo.

Con todo esto, la conjunción "y" en el español, usada por el griego en este versículo es καὶ *(kai)* y hace la función de no separar una cosa de la otra, sino de unirlas, de ligarlas. Es decir que esta conjunción nos muestra que el creer nos lleva al bautismo y haciendo esto, seremos salvos. De otra manera, si nosotros decimos que el bautismo (según este versículo) no es esencial para alcanzar la salvación, estamos diciendo que tampoco lo es el creer, pues la conjunción une una cosa a la otra, pues está haciendo la función ilativa.

Jesús está presentando en el pasaje dos resultados que pueden ocurrir después de que el evangelio se predique. Podríamos parafrasear el versículo de la siguiente manera y nos dará una mejor comprensión y entenderemos el por qué no hay necesidad de que se vuelva a mencionar el bautismo. La paráfrasis del texto pudiera quedar así:

> Vayan por todo el mundo y predique el evangelio a toda criatura. La persona que crea al evangelio y sea bautizada, entonces será salva; mas la persona que no crea al evangelio, será condenada
>
> — Marcos 16:15-16
> [Paráfrasis del autor]

Tomándolo en su contexto, el evangelio, es decir, la buena noticia que predicarían es que Jesús había resucitado (lea los versículos 9-14), y la gente debía creer en ese mensaje. En otras palabras, iba a creer en el Hijo unigénito, y es aquí donde es muy claro que el que no crea será condenado. El mismo principio se repite en otra Escritura:

Bautizarse ¿para qué?

> El que cree en el Hijo tiene vida eterna; pero el que rehúsa creer en el Hijo no verá la vida, sino que la ira de Dios está sobre él.
> — Juan 3:36

Así que no nos sorprenda y con ello queramos cerrar los ojos ante la realidad. Es necesario tanto el creer como el ser bautizado para obtener la salvación.

Cuando Cristo dijo que el que creyere y fuere bautizado, será salvo, eso es lo que realmente dijo. Es necesario creer y ser bautizado para ser salvo. Él está resumiendo los demás requisitos (arrepentirse, confesarlo como el Señor e Hijo de Dios) para obtener la salvación en estos dos versículos.

Si razonamos que no es necesario el bautismo para la salvación porque Cristo no vuelve a mencionar el bautismo en estos versículos, entonces también debemos decir que el arrepentimiento no es necesario para la salvación, pues Cristo no lo menciona explícitamente en estos versículos. ¿Puede alguno de los que niegan el bautismo para salvación, decir que el arrepentimiento no es importante para ser salvo? ¡Claro que no!

Capítulo 6

Nuestros pecados son perdonados

> Pedro les dijo: Arrepentíos, y bautícese cada uno de vosotros en el nombre de Jesucristo para perdón de los pecados; y recibiréis el don del Espíritu Santo.
> — Hechos 2:38

Este versículo tal vez sea el más atacado por los que no creen que el bautismo sea necesario para la salvación. Ellos intentan a toda costa demostrar que dicho versículo dice que uno(a) es bautizado(a) porque sus pecados ya han sido perdonados, y no al contrario, que uno(a) debe ser bautizado(a) para recibir el perdón.

Nuestros amigos bautistas son los que se especializan en intentar negar la afirmación clara que hace el apóstol Pedro en dicho versículo acerca del perdón de pecados. Analicemos juntos este versículo y notemos si es verdad que no debe bautizarse para recibir el perdón de pecados, porque sus pecados ya han sido perdonados.

Y Pedro (dijo)	a	ellos:	Arrepentíos,	y sea bautizado
Πέτρος	δὲ	πρὸς αὐτούς·	Μετανοήσατε,	καὶ βαπτισθήτω

cada uno	de vosotros	en el nombre	de Jesucristo
ἕκαστος	ὑμῶ	ἐπὶ τῷ ὀνόματι	Ἰησοῦ Χριστοῦ

Bautizarse ¿para qué?

> **para perdón de los pecados de vosotros,**
> εἰς ἄφεσιν τῶν ἁμαρτιῶν ὑμῶν,
> **y recibiréis el don del Santo Espíritu.**
> καὶ λήμψεσθε τὴν δωρεὰν τοῦ ἁγίου πνεύματος·

Esto es como aparece el texto en griego. Es menester poner mucha atención a la forma gramatical, tal como está acomodada en este pasaje. Muchos dicen que el versículo en griego quiere decir que uno es bautizado no para perdón de pecados, sino porque sus pecados ya han sido perdonados. Esto lo trataremos más adelante. Primero obsérvese lo siguiente. Es el análisis gramatical que hace el hermano Sergio Ochoa, maestro de Gramática Española en el Instituto Cristiano en Yañez. Desde luego que este análisis es del español, como aparece en la versión Reina-Valera 1960:

Análisis gramatical de Hechos 2:38

Pedro les dijo: Arrepentíos, y bautícese cada uno de vosotros en el nombre de Jesucristo para perdón de los pecados; y recibiréis el don del Espíritu Santo
— **Hechos 2:38**

El versículo es una oración compuesta armada en cuatro oraciones subordinadas entre sí que son de tres tipos diferentes; a saber: una del tipo **proposición**; dos del tipo **principal explicativa**; y, por último, una **ilativa consecutiva**.

Nuestros pecados son perdonados

(1) Oración tipo proposición, **Pedro les dijo:**

Sirve, como toda proposición, para introducirnos en la idea principal de lo que está enunciando, a la vez que sirve de enlace con el contexto (lea el versículo anterior).

(2) Primera oración principal explicativa, **Arrepentíos:**

Le anteceden los dos puntos (:), por lo cual es la base primera de la explicación de lo que quiere dejar recalcado. Conserva el número plural, dando a entender que el verbo "Arrepentirse" es aplicado a todas las personas a las cuales va dirigido el versículo en su conjunto.

Después de la palabra "arrepentíos" que conforma toda la oración, puesto que es núcleo de predicado, la continúa una coma (,), lo cual da fin a la oración, indicando que conserva la pluralidad hasta aquí de forma pura.

(3) Segunda oración principal explicativa, **y bautícese cada uno de vosotros en el nombre de Jesucristo para perdón de los pecados:**

En esta oración que está antecedida de una coma (,) cambia el número gramatical a singular, dando a entender que ahora se refiere el versículo en su conjunto a: todos y cada uno de vosotros, de los que escuchan y/o leen esto. Para poder hacer el cambio de número gramatical, el autor utiliza el nexo ilativo "y", de modo de afirmar que, después de arrepentirse todos, lo que debe ser la consecuencia hilvanada de este arrepentimiento es, como única alternativa, el que cada uno es bautizado en el nombre de Jesucristo. Ahora bien, entre las palabras "Jesucristo" y "para" no existe ningún signo de puntuación, por lo

Bautizarse ¿para qué?

que inferimos que ser bautizados en el nombre de Jesucristo es irremisiblemente y de forma irrestricta, para perdón de los pecados.

Esta oración termina con punto y coma (;) lo cual significa que la explicación de lo que deben hacer aquí termina, esto sin que acabe la idea totalmente, puesto que no es un punto; sino, punto y coma (;).

(4) La última de las oraciones es la ilativa consecutiva, **y recibiréis el don del Espíritu Santo:**

Esta oración inicia también con el nexo "y" que nos indica que existe una relación temática entre esta última oración y las tres anteriores.

Por otro lado, el hecho de que el nexo sea antecedido por el punto y coma (;) nos da la seguridad de que la oración es consecutiva; es decir, es la consecuencia de lo que ocurre en las dos anteriores que explican lo que deben hacer; de modo y manera de que si cumple— si y solamente si, con lo anterior, tendrá irremediablemente la consecuencia que expresa este enunciado.

En otras palabras, y a modo de resumen, *si todos se arrepienten y todos y cada uno es bautizado en el nombre de Jesucristo para el perdón de los pecado*s, entonces y sólo entonces, cada uno de los que lo hagan así, **recibirán el don del Espíritu Santo.**

El análisis de hermano Sergio Ochoa echa por tierra la enseñanza que uno es bautizado porque sus pecados ya fueron perdonados. El texto dice otra cosa y la misma gramática lo deja claro. El Apóstol Pedro dice que sus oyentes deben ser

Nuestros pecados son perdonados

bautizados para recibir el perdón de pecados y el don del Espíritu Santo.

Ahora bien, algunos pueden decir que en la gramática griega no ocurre, así como en el español, y que en el griego sí, está enseñando que deben bautizarse porque sus pecados han sido perdonados. Mirémoslo.

La base de esta enseñanza equivocada es en la frase: *para perdón de los pecados*. Nuestros amigos bautistas enseñan que, en esta porción, el griego debe traducirse así: *porque sus pecados ya han sido perdonados*, pues esta es la idea que lleva aquí la preposición griega *eis* que aquí se traduce como "para". ¿Será correcta la interpretación que ellos dan a la preposición?

Henry B. Dewing, Bowdoin College, presidente del Colegio de Atenas, Atenas, Grecia, dijo: "Debo decir que *eis* no indica resultado o consecuencia sino fin o intención. Yo podría traducir: 'Que cada uno de vosotros se bautice para (la obtención de) el perdón de los pecados'. El significado 'por causa de' está totalmente fuera del asunto"[1].

Henry Darling Brackett, profesor de griego, en Clark College, dijo que *eis* significa, « 'en orden a', pero 'con el propósito de' es mejor; porque el significado universal y fundamental de *eis* es 'hacia', 'en el sentido de' y no 'fuera de', 'a causa de', o 'por causa de'».[2]

Edgar J. Goodspeed (otro Bautista), en su versión de las Escrituras, tradujo Hechos 2:38, *eis* de la siguiente manera: "Debe arrepentirse y ser bautizado cada uno de vosotros, para que sus pecados sean perdonados. Cuando se le cuestionó acerca del por qué había traducido así (pues en

---

[1] Citado por Donald A. Nash, en *Practical Comentary on Acts* [Comentario práctico de Hechos], 1995, The Christian Restoration Association, 30,31.

[2] Citado por Donald A. Nash, en *Practical Comentary on Acts* [Commentario practico de Hechos], 1995, The Christian Restoration Association, 30, 31.

Bautizarse ¿para qué?

nada reflejaba su doctrina de la sola fe), él respondió: "Yo soy primero un erudito griego, y después un teólogo".[3]

A continuación, cito las palabras del hermano Jack Cottrell, quien es Dr. y Profesor de Teología en el Seminario Bíblico de Cincinnati (retirado), Cincinnati, Ohio. Él nos da una explicación sobre el uso de la preposición griega *eis*, la cual es usada aquí:

> Sin embargo, la relación entre el bautismo cristiano y el perdón de pecados es mucho más específica y clara, especialmente aquí en Hechos 2:38, donde dice que el bautismo es "para [*eis*] perdón de pecados". La palabra clave aquí es *eis*, traducida en diferentes versiones de distintas maneras, incluyendo "para", "hacia", "en", "para que", "para tener", "por esto", "con vista a" y "con relación a". La terminología preferida es un asunto de considerable polémica porque los exegetas a menudo tratan de hacer que la palabra se conforme a un punto de vista preconcebido sobre el bautismo.
>
> Podemos identificar tres enfoques principales. El primero es que aquí eis retiene su significado más común de **dirección** o **movimiento hacia algo**, que incluye los conceptos de **propósito y meta**. Basado en este entendimiento, el propósito o la meta del bautismo es para traer el perdón de pecados. Este punto de vista es consistente con la idea del bautismo como una condición para la salvación y para la entrada en el reino de Dios. Un segundo enfoque es que aquí *eis* significa *a causa de*, siendo la idea que una persona es bautizada porque sus pecados ya han

---

[3] Citado por Gareth L. Reese, en *New Testament History Acts* [Historia del Nuevo Testamento Hechos], 2005, Scripture Exposition Books, 77, 78.

Nuestros pecados son perdonados

sido perdonados. El tercer punto de vista es que aquí *eis* significa lo mismo que la preposición *en* ("en"), que no significa movimiento hacia, sino simplemente *lugar en*. Este punto de vista propone sólo una conexión muy general entre el bautismo y el perdón, o sea, "sé bautizado *en relación al* perdón de pecados". Estos dos últimos puntos de vista son preferidos por aquellos que rechazan la relación condicional entre el bautismo y la salvación.

De estos tres puntos de vista, el primero es claramente el significado en Hechos 2:38 sobre bases tanto lexicógrafas como contextuales. Tocante a su verdadero significado, un estudio de los léxicos muestra que el significado principal y, de sobremanera, el uso más común de *eis* es "movimiento hacia" en cualquiera de varios sentidos, la explicación de los cuales toma dos páginas enteras en el léxico de Arndt y Gingrich. En esta categoría general los dos significados más comunes son "moverse de un lugar físico hasta otro" (88 líneas en el léxico) y "meta o propósito" (127 líneas — una página entera). En contraste, sólo cinco líneas hablan del supuesto uso causal de eis. Arndt y Gingrich declaran este uso "controvertido" porque existe razón para dudar que jamás ha tenido este significado en el uso del griego. M. J. Harris declara rotundamente que este sentido causal "parece improbable en cualquiera de los pasajes a veces aducidos", incluyendo Hechos 2:38. Un significado semejante a aquello de *en* no es disputado, pero es aún relativamente muy infrecuente. Arndt y Gingrich usan sólo 16 líneas para explicar que *eis* a veces significa "con respecto a" o "con referencia a". La mayoría de

75

Bautizarse ¿para qué?

los casos en los cuales eis es usado, y en donde se esperaría que *en* fuere usado (30 de 34 líneas), se refiere a un lugar físico.

Por supuesto, se entiende que simplemente el contar líneas en un léxico no decide el significado de una palabra en un versículo en particular. El punto es mostrar que el significado principal de eis involucra movimiento hacia o propósito, y que esto es cómo se usa en la gran mayoría de los casos[4].

Lo que acaba de mostrar el hermano son tres puntos en los cuales toma el uso de la preposición griega *eis* aquí. Y concluye mostrando que el uso frecuente de *eis* es de **movimiento hacia, o propósito**. Esto lo hace a través de citar algunos especialistas en el texto griego, los cuales confirman este uso.

Ahora bien, de las tres posiciones que él menciona, solamente una es la que el apóstol Pedro da aquí, y esta es la de *movimiento hacia o propósito*. ¿Por qué decimos que es esta? Porque el contexto no permite los otros dos usos. Considere lo siguiente:

(1) Luego que Pedro les predicó el evangelio (la muerte, la sepultura y la resurrección de Cristo), y después de que Pedro les dice que ellos mataron al Hijo de Dios y que por ese pecado y los demás que habían cometido, ellos morirían, ellos hacen la pregunta: ¿Qué haremos? La pregunta específicamente fue: ¿Qué haremos para quitarnos esta culpa? (la culpa de haber matado al Cristo). Preguntaron de manera que ellos esperaban una solución para salir de esa culpa. Así que Pedro procede a decirles lo que deben hacer: arrepentirse

---

[4] *Bautismo: Un estudio bíblico*, Jack Cottrell, 2013, 55-57

Nuestros pecados son perdonados

y ser bautizados. Una vez haciendo estas dos cosas, ellos recibirían el perdón de sus pecados y el don del Espíritu Santo.

(2) El hecho de que ellos hacen la pregunta ¿qué haremos? muestra que ellos no habían sido librados de sus pecados. Pues, de otra manera no habrían hecho esa pregunta. Al hacer esta interrogante ellos están reconociendo que deben realizar alguna acción para ser libres de esa culpa que tienen.

Por lo menos, estos dos puntos muestran que el uso de la preposición *eis* en este pasaje, es de **movimiento hacia o propósito** y de la misma manera, estos dos puntos no admiten ninguno de los otros usos que le dan a la preposición.

Otra cosa que debemos considerar y que demuestra la necesidad del bautismo para el perdón de pecados, es que Pedro menciona el arrepentimiento como un requisito que antecede al bautismo. ¿Por qué debemos considerar esto? Porque nadie, ningún grupo denominacional, llámense bautistas, presbiterianos u otro, niega el arrepentimiento como un requisito para obtener el perdón de sus pecados. Y si el arrepentimiento es un requisito para obtener el perdón de los pecados, entonces según este versículo, como el bautismo sigue al arrepentimiento, lo es también.

Aunque hay la objeción de que los verbos arrepentíos y bautícese están de diferente persona y número gramaticalmente, con ello quieren decir que "para perdón de pecados" no puede referirse a ambos verbos, sino que algunos, dicen que afecta al arrepentimiento solamente, y con ello indican que el bautismo no es necesario para la salvación.

Bautizarse ¿para qué?

Acerca de esto, el hermano David Padfield escribió una carta dirigida a ciertos expertos en el idioma griego y la traducción bíblica. En la carta él preguntó lo siguiente:

> ¿Es gramaticalmente posible que la frase *'eis aphesin hamartion'* 'para la remisión de los pecados', como se usa en Hechos 2:38, exprese la fuerza de ambos verbos, 'se arrepientan' y bautícese a cada uno de ustedes, 'aunque estos verbos difieren tanto en persona como en número?

Y la respuesta que dieron estos especialistas fue, lo siguiente:

> **Bruce Metzger** fue el editor del Comentario textual sobre el Nuevo Testamento griego, publicado por United Bible Societies, y profesor en el Seminario Teológico de Princeton en Nueva Jersey. Escribió: *"En respuesta a su reciente pregunta, puedo decir que, en mi opinión, la frase 'eis aphesin hamartion' en Hechos 2:38 se aplica en sentido a los dos verbos anteriores".*

> **F. W. Gingrich** fue profesor de griego del Nuevo Testamento en el Albright College en Reading, Pensilvania. Gingrich, junto con William Arndt, publicó **Un léxico griego-inglés del Nuevo Testamento y otra literatura cristiana primitiva en 1957**. Él escribió: *"La diferencia en persona y número de 'arrepentirse' y 'ser bautizado' es causada por el hecho de que "arrepentirse" es una dirección directa en la segunda persona del plural, mientras que "ser bautizado" se rige por el tema "cada uno de ustedes" y la tercera persona es singular. "Cada uno de ustedes" es, por supuesto, un sustantivo colectivo".*

Nuestros pecados son perdonados

Arthur L. Farstad fue el presidente del Comité de Revisión Ejecutiva de New King James y editor general del Nuevo Testamento de NKJV. La NKJV fue traducida por más de 120 eruditos griegos, muchos de los cuales enseñan en escuelas bautistas. Escribió: *"Dado que la expresión 'eis aphesin hamartion' es una frase preposicional sin terminaciones verbales o terminaciones en singular o plural. Ciertamente, estoy de acuerdo en que gramaticalmente puede ir con el arrepentimiento y el bautismo. De hecho, creo que va con los dos".*

John R. Werner, Consultor Internacional en Traducción a los Traductores de la Biblia de Wycliffe. También fue asesor de Friberg y Friberg en el Griego Analítico del Nuevo Testamento. De 1962 a 1972 fue profesor de griego en el Trinity Christian College. Dijo: *"Siempre que dos verbos están conectados por kai 'y' y luego seguidos por un modificador (como una frase preposicional, como en Hechos 2:38), es gramaticalmente posible que el modificador modifique ambos verbos, o solo el último. Esto se debe a que no hay puntuación en los manuscritos antiguos, por lo que no sabemos si el autor tuvo la intención de hacer una pausa entre el primer verbo y el 'y'. No importa que, aquí en Hechos 2:38, uno de los verbos es plural en segunda persona ("y todos") y el otro en singular en tercera persona ("es para"). Ambos son imperativos, y el hecho de que estén unidos por kai 'y' es evidencia suficiente de que el autor puede haberlos considerado como una unidad única a la que se aplicó su modificador".*[5]

---

[5] Todos los comentarios citados por el hermano Padfield puede consultarlos a detalle en: https://www.padfield.com/acrobat/handouts/remission-of-sins.pdf

Bautizarse ¿para qué?

Podemos notar cómo es que este pensamiento de querer separa los dos verbos para evadir la importancia del bautismo es imposible pues gramaticalmente no se puede realizar.

Pedro confirma esto por el uso de la conjunción "y" (arrepentíos y bautícese) que las dos acciones son para alcanzar la salvación. Vemos en las palabras de Pedro que el arrepentimiento es para obtener la salvación, y también lo es el acto del bautismo. Si alguno dice que el bautismo no es necesario para recibir el perdón de los pecados según este versículo, entonces debe enseñar que tampoco el arrepentimiento es necesario. La verdad es que la gramática griega en este versículo no permite asignar un propósito al arrepentimiento y otro al bautismo.

Pedro entiende que el bautismo sí es para obtener el perdón de los pecados. ¿No debemos ponernos de acuerdo con él? Comparemos las palabras de Pedro con las de Jesús.

Hechos 2:38	Mateo 26:28
para perdón de los pecados (RVR60)	para remisión de los pecados (RVR60)
εἰς ἄφεσιν τῶν ἁμαρτιῶν ὑμῶν	εἰς ἄφεσιν ἁμαρτιῶν
Así leemos el griego: **eis aphesin ton amartion humon**	Así leemos el griego: **eis aphesin amartion**

Note como las dos frases usan la misma preposición *eis* y con el mismo fin, para obtener el perdón de pecados (o la remisión de pecados – es la misma palabra en griego). Y si en Hechos 2:38 la frase significa que uno es bautizado porque los pecados han sido perdonados, entonces en Mateo debe entenderse que Cristo iba a derramar su sangre porque los pecados ya fueron perdonados.

Nuestros pecados son perdonados

La forma gramatical que aparece en Hechos 2:38, es la misma que aparece en Mateo 26:28. Cristo dijo que su sangre sería derramada para obtener el perdón de pecados en dicho texto; de igual manera Pedro dijo que uno debe ser bautizado para obtener el perdón de pecados. El sentir de las palabras del Apóstol Pedro sería así:

> Arrepentíos y bautícese cada uno de vosotros para (*eis*, con movimiento hacia, o con el propósito o con la meta de) obtener el perdón de los pecados...

El texto por donde le interpretemos enseña que el bautismo es para el perdón de pecados. Otra objeción que se presenta es que el bautismo aquí mencionado no fue por inmersión, sino por rociamiento o derramamiento de agua. Tal objeción será tratada en otro estudio.

Los judíos presentes entendieron claramente que habían matado al ungido de Dios. Sintieron la culpa. Preguntaron, "¿Qué haremos?" Recibieron respuesta: "Arrepentirse y bautizarse".

Ellos no cuestionaron las palabras que el Espíritu Santo expresó por medio de Pedro. En su obediencia y debido a su grande necesidad, aceptaron las indicaciones que Pedro les dijo. Obedecieron, manifestaron arrepentimiento y descendieron a las aguas para obtener la salida al pecado que habían cometido.

Usted tal vez haya sido enseñado que el bautismo no es más que un acto público de manifestar obediencia a Dios. Usted tal vez entendió que sus pecados ya habían sido perdonados. Los oyentes de Pedro entendieron y humildemente obedecieron, 3.000 de ellos. No intentaron hacer mérito para ganar el perdón. Simplemente comenzaron a ser discípulos de Jesucristo, obedeciendo a sus apóstoles.

Bautizarse ¿para qué?

Quizá le resulte un tanto difícil aceptar lo que no puede contradecirse, la palabra inspirada, porque se le ha enseñado que el bautismo no pasa de ser un acto simbólico y no una realidad.

Pero apelemos a la verdad bíblica, y ¿por qué mejor no sincerarnos y actuar como aquellos oyentes que entendieron lo que debían hacer para salir del pecado? Arrepentirse y bautizarse no son actos meritorios sino la obediencia a un mandato inspirado. Son acciones con resultados garantizados bajo la autoridad de Jesús el resucitado, porque él es Señor y Cristo.

Capítulo 7

Nuestros pecados son lavados

Ahora, pues, ¿por qué te detienes? Levántate y bautízate, y lava tus pecados, invocando su nombre.
— **Hechos 22:16**

Este versículo tal vez sea el más atacado por los que no creen que el bautismo tenga que ver con salvación:

Y ahora, ¿por qué demoras?		**Levantándote,**	**sé bautizado**
καὶ νῦν	τί μέλλεις;	ἀναστὰς	βάπτισαι
y	**sé lavado**	**de los**	**pecados**	**de ti,**	**invocando**
καὶ	ἀπόλουσαι	τὰς	ἁμαρτίας	σου	ἐπικαλεσάμενος
el nombre	**de él.**
τὸ ὄνομα	αὐτοῦ.

Este versículo es uno más de los que hay que sacar de su interpretación natural y lógica si quisiéramos decir que el bautismo y el perdón no tienen relación. Los que desean divorciar el bautismo del perdón dicen que este versículo muestra claramente que la manera en que uno lava los pecados es invocando el nombre de Cristo, puesto que así lo manifiesta Ananías a Pablo. No obstante, esto no puede ser por las siguientes razones:

Bautizarse ¿para qué?

1.- Todo el Nuevo Testamento, cuando enseña de la salvación, nunca muestra que de esta manera los pecados son lavados (invocando su nombre).

2.- Los judíos y los gentiles, siempre relacionaban el agua con limpiar, lavar, purificar. Para este caso, lea Éxodo 29:4; 30:17-21; Números 8:7; Efesios 5:26; Hebreos 10:22. Y Pablo siendo un erudito y conocedor de la ley del Antiguo Testamento, nunca pudo haber entendido que lavar los pecados fuese a través de invocar el nombre del Señor. Al contrario, él entendió claramente que el lavar sus pecados debía ser a través del bautismo.

Además de esto, Pablo estaba relacionado completamente con el bautismo que predicaba Juan el Bautista, el cual era un mandamiento de Dios y un bautismo en agua (lea Juan 1:24-28, 33). Es interesante la nota que trae el Nuevo Diccionario Bíblico Ilustrado de la Biblia, bajo la palabra "Agua", y es como sigue:

> Todo el sistema ceremonial da importancia a los lavamientos. No solo sacerdotes y levitas (Éxodo 29.4; Números 8.7), sino las personas en general, practicaban diferentes abluciones (Levítico 11.40; 15.5ss). Con este trasfondo apareció Juan el Bautista predicando un "bautismo de arrepentimiento". ***En el Nuevo Testamento, este aspecto del perdón de pecados ocupa un lugar prominente en varias referencias al agua*** (p.ej., Efesios 5.26; Hebreos 10.22) Nelson, Wilton M., ***Nuevo Diccionario Ilustrado de la Biblia***, (Nashville, TN: Editorial Caribe) 1998.
>
> [Énfasis añadido]

3.- La palabra "invocar" ***epikalesamenos*** (*ἐπικαλεσάμενος*) usada en este versículo tiene aquí el sentido de ***invocar en reconocimiento y adoración***. De modo

Nuestros pecados son lavados

que lo que Ananías le dice a Pablo es que debe levantarse y hacerse bautizar para que lave sus pecados. Todo esto es para reconocer a Jesucristo como el único que puede perdonarle los pecados y para declarar que él quiere hacer la voluntad del Señor. (Lea también Romanos 10:13, 6:17, 18). Podría tomar también la palabra invocar en este versículo como un sinónimo de creer en Jesucristo. Una vez más encontramos un versículo que vincula el bautismo con el perdón.

Las personas que creen que Pablo lavó sus pecados "invocando" el nombre de Cristo, indican que Pablo fue lavado de sus pecados orando, pero esto no puede ser porque Pablo ya estaba orando antes de que Ananías llegara. Cuando Jesús le dijo a Ananías que fuera por Pablo, es lo que le dijo que Pablo estaba haciendo en casa de Judas:

> ¹¹ Y el Señor le dijo: Levántate, y ve a la calle que se llama Derecha, y busca en casa de Judas a uno llamado Saulo, de Tarso; porque he aquí, *él ora*,
> — Hechos 9:11

No nos dice Lucas, en su registro, qué decía Pablo en su oración, pero piense por un momento que quizá oraba a Dios movido por el arrepentimiento, y quizá quería entender qué sucedía con su vida, quizá Pablo clamaba por arrepentimiento de todo lo que hasta ese momento había hecho, el hecho es que el texto no lo dice, mas sin embargo Pablo ya oraba como un "pecador arrepentido" que estaba en espera de entender y hacer lo que Ananías le comunica. Notemos que Pablo ya oraba, y aún sus pecados continuaban con él, y es por tal razón que se le dice que se levante, y sea bautizado, y así lave sus pecados.

Bautizarse ¿para qué?

No puede ser que Pablo haya lavados sus pecados invocando el nombre del Señor, porque los como tres mil de Hechos 2, no lo hicieron, sino que más bien invocaron el nombre del Señor sobre ellos, arrepintiéndose y siendo bautizados para recibir el perdón de pecados, y el don del Espíritu Santo.

Pedro les dice a los reunidos en Pentecostés que si querían ser salvos debían invocar el nombre del Señor:

> [21] Y todo aquel que invocare el nombre del Señor, será salvo.
>
> — Hechos 2:21

Vemos cómo es que Pedro los insta a invocar el nombre del Señor para ser salvos, la respuesta al mensaje de Pedro la efectúan como tres mil personas Arrepintiéndose y siendo bautizados, y así es que recibieron el perdón de sus pecados.

Invocar el nombre del Señor para salvación no es la manera en que se recibe el perdón de pecados, sin embargo, es necesario invocar el nombre para poder obtener la salvación.

En Romanos 10:13, encontramos que es ahora Pablo quien indica que invocar el nombre del Señor es algo que se debe hacer para ser salvo:

> [13] porque todo aquel que invocare el nombre del Señor, será salvo.
>
> — Romanos 10:13

Lo que incluye invocar en este texto, lo encontramos en los 4 versículos anteriores que dicen:

> [9] que si confesares con tu boca que Jesús es el Señor, y creyeres en tu corazón que Dios le levantó de los muertos, serás salvo.

Nuestros pecados son lavados

[10] Porque con el corazón se cree para justicia, pero con la boca se confiesa para salvación.

[11] Pues la Escritura dice: Todo aquel que en él creyere, no será avergonzado.

[12] Porque no hay diferencia entre judío y griego, pues el mismo que es Señor de todos, es rico para con todos los que le invocan;

— Romanos 10:9-12

Nos podemos dar cuenta de que invocar al Señor aquí conlleva creer en el corazón que Jesús resucitó, y confesar con la boca que Jesús es el Señor.

Por medio de esto podemos asumir sin temor que Pablo, no había reconocido aún que Jesús se había levantado de los muertos, quizá esa era una de sus luchas manifestadas mediante el ayuno y la oración; también podemos darnos cuenta de que Pablo no había confesado a Jesús como Señor, pero quizá ya se había arrepentido, y por ello es que Ananías le insta a ser bautizado para que lave sus pecados y manifieste a Jesús como el Señor para ser salvo.

Frederick Dale Bruner hace un especial comentario que es digno de citar, acerca de Hechos 22:16:

> Pablo recuerda las instrucciones de Ananías: *"¿por qué te detienes? Levántate y bautízate, y lava tus pecados, invocando su nombre"* (Hechos 22.16). La remoción del pecado de Pablo debía llevarse a cabo en el bautismo. La primera referencia que se hace al bautismo, después de Pentecostés, en Hechos, también hace esta conexión: *"Bautícese cada uno de vosotros para el perdón de los pecados"* (2.38).

Bautizarse ¿para qué?

. . . Pablo debía levantarse y bautizarse. Si alguien quisiera llamarle a esto una obra o condición —y éste es aconsejado a no usar esta terminología— entonces la caminata hacia el bautismo sería la única *"condición"* presente. No obstante, debe recalcarse que, tal como Lucas lo ha recalcado, esta caminata es facultada por la fe que obró a través del soberano Señor (ver Hechos 3.16).

No obstante, es la responsabilidad del hombre, y podemos errar yendo en dirección contraria, cuando no atinamos a aceptar esta responsabilidad (i.e. no la espiritualista, ni la rigorista, sino la simple responsabilidad del bautismo) con la seriedad que se le acepta en Hechos.

Como si hubiera intención de darle realce a esta dimensión de responsabilidad, hay dos verbos mayores después de *"levántate"*, que son: *"bautízate"* y *"lava"*, los cuales son puestos en el imperativo aoristo medio. La voz media no necesariamente significa *"bautízate a ti mismo"*, más bien debería entenderse, y así se puede entender gramaticalmente, que significa: *"déjate bautizar y de esta manera ser limpio"*. . . . No obstante, es Pablo quien ha de dejar que esto suceda, y, en estos dos términos: *"Pablo"* y *"dejar"*, tenemos la responsabilidad y sin embargo, las divinas dimensiones del bautismo cristiano, y el perder cualquiera de los dos lados es perder mucho. A Pablo no se le encomienda una lista de condiciones, pero él ha de dejarse bautizar. Y en el bautismo, Dios aplica todas las condiciones ya cumplidas, haciendo uso de una

Nuestros pecados son lavados

expresión propia de Pablo, *"por la obediencia de [un hombre]"* (Romanos 5.19).[6]

Hechos 22.16 nos enseña, entonces, que es la voluntad de Dios, que el pecado sea lavado por Dios en el momento del bautismo, y que es la responsabilidad del oyente el acudir por sí mismo, con fe, a este lugar y el dejarse bautizar. Este texto resume bien la enseñanza entera de Hechos, respecto del bautismo espiritual. En este texto Pablo se explica, en una oración, el evento de la remoción del pecado de su vida, y encaja cómodamente con la que es ahora una gran doctrina, la cual tenemos detrás de nosotros en los textos multicoloridos de Hechos. El pecado es removido, pero esto no sucede antes o después del bautismo, por medio de la intensa actividad espiritual de uno que ya es cristiano, es removido en el bautismo, que hace de un hombre un cristiano. Esta es la gracia de Dios.[7]

En todo esto podemos darnos cuenta de que Pablo recibió el perdón de los pecados mediante el bautismo.

Curiosamente, Pablo es uno de los que más enseña de la importancia que tiene el bautismo y es el mismo que escribe en Romanos 6:1-5 que es en el bautismo donde morimos al pecado.

Pablo, el especialista en el Antiguo Testamento, conocedor de la Escritura Antigua, quien sabía y entendía que el agua se usaba para obtener la purificación, quien sabía del

---

[6] Frederick Dale Bruner, *A Theology of the Holy Spirit* [Una teología del Espíritu Santo],1970, Grand Rapids, Mich.: Wm. B. Eerdmans Publishing, 216-217.

[7] Frederick Dale Bruner, *A Theology of the Holy Spirit* [Una teología del Espíritu Santo], 1970, Grand Rapids, Mich.: Wm. B. Eerdmans Publishing, 218.

Bautizarse ¿para qué?

bautismo de Juan; quien era un especialista en el Antiguo Testamento, sabía que para lavar sus pecados debía ser bautizado.

Conclusión de sección:

Es muy claro lo que vemos a través de los textos que hemos analizado. El propósito que tiene el bautismo es que a través de él recibimos el perdón de los pecados. Es donde la sangre de nuestro Señor Jesucristo ejerce su poder de limpieza en aquellos que descienden al agua.

SECCIÓN II
¿Qué dicen los antiguos?

Capítulo 8

Testimonios

Hemos visto lo que realmente enseña la Biblia sobre el bautismo. Hemos comprobado que el bautismo es para recibir el perdón de los pecados y la salvación. Ahora, ¿es nueva esta perspectiva del bautismo? En la historia de enseñanza cristiana sobre el bautismo ¿encontramos que quedó de acuerdo con la Biblia o contraria? ¿Mantuvo la iglesia inmediatamente después de los apóstoles el vínculo entre salvación y el bautismo? Le invito a seguir leyendo.

Repasando la historia de la iglesia también nos muestra nuevamente lo que la Biblia declara. Testimonios de personajes demuestran que cada uno en su tiempo de la historia enseñaba — hasta la Reforma — que el bautismo era parte de dejar la vida de pecado y ser salvo, ser hijo de Dios.

Nos acercaremos a los personajes que vivieron no muy distanciados de los apóstoles. Sin duda nos daremos cuenta de que en el tiempo de ellos ya algunas enseñanzas de la Biblia se habían tergiversado. No obstante, en cuanto al tema del bautismo que ordenó nuestro Señor Jesucristo y el propósito que este tenía, se seguía enseñando.

Tertuliano (siglo II)

Hay para nosotros uno y solamente un bautismo de acuerdo con los Evangelios del Señor y las

Bautizarse ¿para qué?

Cartas de los Apóstoles como suficientemente se nos dice, "un Dios, un Bautismo y una Iglesia en los cielos. . . . Entramos entonces una vez en la fuente: Una vez que los pecados han sido lavados no debieran repetirse jamás. Agua feliz que de una vez lava y que no se burla del pecador con vanas esperanzas.[8]

En otra ocasión Tertuliano describió el efecto de bautismo así:

Cuando el alma llega a la fe, y se transforma mediante la regeneración por el agua y el poder de lo alto, que descubre, tras el velo de la vieja corrupción se quita, toda su luz. Es recibido en la comunión del Espíritu Santo, y el alma, que a su vez se une con el Espíritu Santo, es seguido por el cuerpo.[9]

Epístola de Bernabé (70 - 100 d.C.)

Percibís cómo señala el agua y la cruz al mismo tiempo. Porque éste es el significado: Bienaventurados son los que ponen su esperanza en la cruz, y descienden al agua. . . . Esto dijo, porque descendemos al agua cargados con nuestros pecados e inmundicia y nos levantamos de ella dando fruto en el corazón, reposando nuestro temor y esperanza en Jesús, en el espíritu.[10]

---

[8] Alexander Roberts, DD y James Donaldson, LLD, *Ante-nicene Fathers*, Volume 3, Chap. XV, 1994, Peabody, Massachusetts, Hendrickson Publishers, 676.

[9] Citado por Philip Schaff, en *History of the Christian Church*, Hendrickson Publishers, 206, Volume 2, 253.

[10] J.B. Lightfoot, *Los padres apostólicos*, Terrassa (Barcelona) Editorial CLIE,

Testimonios

Hermas (El pastor, parece ser siglo II)

Es un escritor que se tiene como hereje, pues trae muchas cosas que no concuerdan con lo que enseñan las Escrituras. Sin embargo, ponemos lo que muestra en una de sus conversaciones acerca del bautismo.

> Y le dije: "Todavía voy a hacer otra pregunta, señor".
> "Di", me contestó.
> "He oído, señor", le dije, "de ciertos maestros, que no hay otro arrepentimiento aparte del que tuvo lugar cuando descendimos al agua y obtuvimos remisión de nuestros pecados anteriores".[11]

Teófilo de Antioquía (siglo II)

> Aquellas cosas que fueron creadas de las aguas recibieron la bendición de Dios, de tal manera que esto fuera un signo de que los hombres en un tiempo futuro recibieran arrepentimiento y remisión de pecados a través del agua y baño regenerativo.[12]

Agustín de Hipona (San Agustín — siglo IV)

Aunque este hombre fue un ferviente defensor y quizá el originador principal de la enseñanza del pecado original, tenía claramente entendido el propósito del bautismo y su importancia. Él expresó:

347, 348.

[11] J.B. Lightfoot, *Los padres apostólicos*, Terrassa (Barcelona) Editorial CLIE, 508.

[12] Roberts and Donaldson, *Ante-Nicene Fathers*, Volume 2, Chap. XVI, 2004, Peabody, Massachusetts, Hendrickson Publishers, Fourth printing, 101.

Bautizarse ¿para qué?

> Pero, en cuanto somos hijos de Dios, el hombre interior se renueva de día en día; y también el hombre exterior, por el baño de la regeneración, es santificado y recibe la esperanza de la futura incorrupción.[13]

Justino Mártir (148 - 155 d.C.)

> Obtenemos en el agua el perdón de nuestros pecados. Somos regenerados. El lavamiento se llama iluminación [photismos en griego]. El bautizar es ser lavados para remisión de los pecados.

Y añade posteriormente hablando de aquellos que serán bautizados:

> Ellos entonces han sido traídos por nosotros donde hay agua, y son regenerados en la misma manera en la cual nosotros mismos nos regeneramos [renacimos]: en el nombre de Dios el Padre . . . y de nuestro Salvador Jesús Cristo, y del Espíritu Santo, ellos entonces reciben el lavado de agua. Cristo dijo, "A menos que ustedes nazcan de nuevo, ustedes no entrarán en el reino de los cielos". . . . La razón para hacer esto, la hemos aprendido de los apóstoles.[14]

Gregorio Nacianceno (siglo IV)

> Lo llamamos don, gracia, unción, iluminación, vestidura de incorruptibilidad, baño de

---

[13] *El matrimonio y la consupisciencia*, http://www.iglesiareformada.com/AgustinMatrimonioConsupisciencia.html, consultado 15 de Julio de 2013.

[14] *La Primera Apología* capítulo LXI, Ante-Nicene Fathers, Vol. 1. Editado por Alexander Roberts, DD y James Donaldson, LLD, 2004, Hendrickson Publishers, 183.

Testimonios

regeneración, sello y todo lo más precioso que hay. Don, porque es conferido a los que no aportan nada, gracia, por que es dado incluso a culpables; bautismo, porque el pecado es sepultado en el agua, unción, porque es sagrado y real (como los que son ungidos) iluminación porque es luz resplandeciente; vestidura, porque cubre nuestra vergüenza; baño porque lava y sello por que nos guarda y es signo de la soberanía.[15]

Más adelante, en el mismo tratado:

Hagámonos bautizar hoy, para no estar obligados a hacerlo mañana. No retardemos el beneficio como si nos ocasionase algún problema. No esperemos haber pecado más para ser, mediante él, perdonados en mayor medida. Eso sería hacer una indigna especulación comercial a propósito de Cristo. Tomar una carga mayor de la que podemos llevar es correr el riesgo de perder en un naufragio, navío, cuerpo y bienes, o sea todo el fruto de la gracia que no se ha sabido aprovechar.[16]

Cipriano (martirizado en la persecución de 258 d.C.)

Porque así como en el bautismo del mundo, en el cual la iniquidad antigua fue purgada, aquel que

---

[15] "Oración sobre el santo bautismo", *Nicene and Post-Nicene Fathers*. Series II, Volume 7 (Christian Classics Etereal Library) Acceso el 15 de junio de 2013, http://www.ccel.org/print/schaff/npnf207/iii.xxiii puede ver la versión en PDF: http://www.ccel.org/ccel/schaff/npnf207.pdf.

[16] "Oración sobre el santo bautismo", *Nicene and Post-Nicene Fathers*. Series II, Volume 7 (Christian Classics Etereal Library) Acceso el 15 de junio de 2013, http://www.ccel.org/print/schaff/npnf207/iii.xxiii puede ver la versión en PDF: http://www.ccel.org/ccel/schaff/npnf207.pdf.

Bautizarse ¿para qué?

no estaba en el arca de Noé no pudo ser salvado de las aguas, de tal manera no puede ser salvado por el bautismo aquel que no ha sido bautizado en la Iglesia que está establecida en unidad con el Señor de acuerdo al sacramento de la única arca.[17]

También, escribiendo a Donatus, habla acerca de su experiencia en el bautismo, las siguientes palabras:

> Considerando mi carácter en ese tiempo, yo creía que fuera cosa difícil que un hombre naciera de nuevo... O que un hombre por haber sido avivado a una vida nueva en el baño del agua salvadora dejara lo que siempre había sido — que fuera transformado en el corazón y el alma mientras aún retuviera su cuerpo físico... Antes yo daba rienda suelta a mis pecados como si fueran en realidad una parte de mi ser, innatos a mi naturaleza. Pero después, con la ayuda del agua del nuevo nacimiento, la mancha de aquellos años se lavó, y una luz de lo alto, serena y pura, penetró en mi corazón ya reconciliado. Entonces por el Espíritu mandado del cielo, en un segundo nacimiento, me hizo un nuevo hombre[18]

---

[17] Alexander Roberts, DD y James Donaldson, LLD, *Las Epístolas de Cipriano, Ante-Nicene Fathers*, Vol. V, Epistle LXXIII, 2004, Hendrickson Publishers, 389.

[18] Alexander Roberts, DD y James Donaldson, LLD, *Las Epístolas de Cipriano, Ante-Nicene Fathers*, Vol. V, Epistle I, 2004, Hendrickson Publishers, 275, 276.

Testimonios

Ambrosio (siglo IV)

En su tratado "De los misterios" dice:

> ¿Qué has visto [en el baptisterio]? Ciertamente agua, pero no solamente agua, también has visto a los diáconos allí ministrando y al obispo, haciendo preguntas e invocando... Cree entonces que la presencia de Dios está allí. Considera cuán antiguo es el misterio [del bautismo] prefigurado aun en el origen del mundo, cuando Dios hizo los cielos y la tierra, 'el Espíritu', se nos dice, 'se movía sobre la superficie de las aguas'. El, que se movía sobre las aguas ¿no trabajó sobre esas mismas aguas? El agua entonces es aquello en lo que la carne es sumergida para que todo pecado carnal sea lavado en ella" En otra ocasión dijo: "Considera donde eres bautizado, de donde viene el Bautismo; de la cruz de Cristo, de la muerte de Cristo. A hi esta todo el misterio: EL padeció por ti, en EL eres rescatado, en EL eres salvado.[19]

Ireneo de Lyon (130 - 200 d.C.)

Él muestra el concepto que había ya en su tiempo sobre el bautismo y la intención que muchos tenían de negar su importancia; pero una vez más, Ireneo nos da el testimonio de la importancia que tenía este acto:

> Hay tantas versiones de la redención como maestros hay en estas opiniones místicas. Y al refutarlas demostramos que esta clase de hombres ha sido instigada por Satanás a negar el bautismo que es la regeneración por Dios y

---

[19] Phillip Schaff, *The Nicene and Post-Nicene Fathers*, Series II, Volume 10, Grand Rapids, MI: Christian Classics Ethereal Library, 701, 702. Edición PDF. https://www.ccel.org/ccel/schaff/npnf210.pdf.

Bautizarse ¿para qué?

al efectuar tal negación niegan y renuncian al total de la fe cristiana. "Y se sumergió", dice la Escritura, "siete veces en el Jordán". No fue por nada que el Naamán de antiguo al sufrir de lepra fue purificado al efectuarse su bautismo. Es buena esta indicación para nosotros, pues para nosotros fue escrita. Porque somos como leprosos en el pecado y somos hechos limpios por medio del agua sagrada y la invocación del Señor. Limpios de todas nuestras transgresiones y espiritualmente regenerados como si fuéramos recién nacidos. Es así que el Señor ha declarado, "A menos que uno nazca del agua y del Espíritu, no entrará en el Reino de los Cielos.[20]

El mismo Ireneo, escribe en otro de sus escritos acerca del bautismo, lo siguiente:

He aquí lo que nos asegura la Fe. Tal como los presbíteros, discípulos de los apóstoles nos la transmitieron: "Lo primero de todo", recomiendan, "es que nos acordemos de que hemos recibido el bautismo para el perdón de los pecados en el nombre del Padre y en el nombre de JESUCRISTO . . . en el Espíritu Santo". El Bautismo es en efecto el sello de la vida eterna.[21]

---

[20] Alexander Roberts, DD y James Donaldson, LLD, Ireneo, "Contra las herejías", *Ante-Nicene Fathers, Vol. 1, 2004*, Hendrickson Publishers 345, 574.

[21] *The Demonstration of the Apostolic Preaching*, (Christian Classics Ethereal Library), 45. Edición PDF. http://www.ccel.org/ccel/irenaeus/demonstr.pdf. Consultado el 12 de julio de 2013).

Testimonios

Una antigua homilía de autor desconocido (120 — 140 d.C.) expresa de la siguiente manera la importancia sobre el acto del bautismo:

> ... ¿con qué confianza nosotros, si no mantenemos nuestro bautismo puro y sin tacha, entraremos en el reino de Dios? ... Porque, con referencia a los que no han guardado el sello [del bautismo], él dice: Su gusano no morirá y su fuego no se apagará y serán un ejemplo para toda carne...porque una vez hemos partido de este mundo ya no podemos hacer confesión allí, ni tampoco arrepentirnos. Por lo tanto, hermanos, si hemos hecho la voluntad del Padre, y hemos mantenido pura la carne, y hemos guardado los mandamientos del Señor, recibiremos la vida eterna. De modo que lo que Él quiere decir es: Mantened la carne pura y el sello [del bautismo] sin mácula, para que podáis recibir la vida.[22]

Clemente de Alejandría (150 — 215 d.C.) dijo sobre el bautismo:

> Esta obra a veces se llama gracia; otras veces, iluminación, perfección, o lavamiento. Es el lavamiento por el cual nos limpiamos de nuestros pecados; la gracia por la cual la condenación de nuestros pecados se cancela; y la iluminación por la cual vemos la santa luz de la salvación, esto es, por medio de la cual vemos a Dios claramente[23]

---

[22] J.B. Lightfoot, *Los Padres Apostólicos*, Editorial CLIE, 112-114.
[23] Alexander Roberts, DD y James Donaldson, LL00D, El intructor, *Ante-Nicene Fathers*, Vol. II Cap. VI, 2004, Hendrickson Publishers, 215.

Bautizarse ¿para qué?

Conclusión de la sección:

Nadie puede negar la evidencia que la misma historia muestra en cuanto a lo que creían acerca del bautismo. Tan solamente estos testimonios presentados, por sí solos, demuestran que están en común acuerdo con la Biblia. Personas que estuvieron muy cerca de los apóstoles de nuestro Señor Jesucristo muestran lo que era enseñado en cuanto al bautismo, que era para el perdón de nuestros pecados, y sigue siendo, y tenía su conexión con la salvación.

Parece inevitable concluir que los seguidores de Cristo, a través de la historia, han entendido que el bautismo es para perdón de pecados.

SECCIÓN III
¿Y los más recientes?

Capítulo 9

Testimonios de teólogos

De la misma manera que los grandes personajes de la historia enseñaron sobre el bautismo, también lo han hecho eruditos sobre el griego y el hebreo que no son tan distantes de nuestro tiempo. Teólogos renombrados son los que aparecen a continuación; teólogos que son la mayoría bautistas, enseñan que el bautismo es para perdón de pecados. Lea y entérese usted mismo que también ellos han enseñado que el bautismo es para perdón de los pecados, aunque en la práctica lo nieguen. Adentrémonos y démonos cuenta de lo que estos hombres enseñaron (y unos más siguen enseñando) en lo que respecta el bautismo que nuestro Señor Jesucristo ordenó antes de partir al cielo.

El catedrático protestante **Andrew T. Lincoln** declara:

> El 'un bautismo' [de Efesios 4:5] es el bautismo en agua, el rito público de la confesión de un Señor. El bautismo es uno porque es la iniciación y entrada en el cuerpo de Cristo que es un solo cuerpo.[24]

---

[24] "Ephesians" *Word Biblical Commentary*, vol 42, 1990, Word Books.

Bautizarse ¿para qué?

Un comentario dice:

> El Bautismo es el complemento sacramental de la fe, el rito por el cual el hombre logra la unión con Cristo y manifiesta públicamente su cometido.[25]

El comentarista del siglo XVIII **Matthew Henry** escribe en su comentario sobre Zacarías 13:1 lo siguiente:

> Esta fuente abierta es el costado traspasado de Jesucristo, de quien se habla en el pasaje anterior, porque de allí salen sangre y agua ambos para nuestra limpieza. Los que miran al Cristo traspasado, y amargamente lamentan los pecados que han causado que se lo traspasara, pueden mirar de nuevo al que traspasaron y regocijarse en él esta vez. Porque le ha placido al Señor el golpear esta roca para que pueda ser para nosotros una fuente de aguas de vida.[26]

En su comentario sobre las escrituras del Antiguo Testamento, **C.F. Keil y F. Delitzsch** explican:

> Por esta agua debemos entender no solamente la gracia en general, sino el agua bautismal que es preparada a través de la muerte sacrificial de Jesús, por la sangre derramada por El y que es salpicada sobre nosotros para limpieza de nuestros pecados en el bautismo.[27]

---

[25] "The Letter to the Galatians", Brown, Fitzmyer, Murphy in *The Jerome Biblical Commentary*,1968, Englewood Cliffs, N. J. : Prentice Hall, 2:243.

[26] Matthew Henry, *Matthew Henry Commentary on the Whole Bible* (Complete) (Bibletools) Acceso el 18 de marzo de 2019, https://www.biblestudytools.com/commentaries/matthew-henry-complete/zechariah/13.html.

[27] C.F.Keil y F. Delitzsch, Commentary on the Old Testament, Hendrichson Publishers, Inc. Volume 10, 612.

Testimonios de teólogos

El comentador protestante **R.V.G. Tasker** dice de Juan 3:5:

> A luz de la referencia de la práctica de Jesús del bautismo con agua en el versículo 22, es difícil explicar las palabras "de agua y del Espíritu" conjuntamente, y considerarlas como una descripción del bautismo cristiano, en el cual la purificación y la obtención de los dones son elementos esenciales.[28]

R.C.H. Lenski, escribe:

> Esto se enfatiza fuertemente en la adición: "para o para la remisión de sus pecados". No es más que una diferencia gramatical formal si **εἰς** se considera nuevamente como esfera denotativo (igual a **ἐν**), R. 592, o, tal como está comúnmente se supone, como indicador de objetivo y propósito, R. 592, o mejor aún como efecto que denota. Esfera El objetivo y el propósito significarían que el bautismo pretende dar remisión; en él, entonces, quien recibe el bautismo correctamente, se lograría esta intención, objetivo y propósito . . . Esta preposición conecta la remisión tan de cerca con el bautismo que nadie ha podido separar los dos. Es este don de remisión lo que hace del bautismo un verdadero sacramento; De lo contrario, sería solo un signo o un símbolo que no transmite nada real. Para hacer el bautismo tal símbolo, se nos dice que la frase de Pedro significa solo que el bautismo representa la remisión, una remisión que podemos obtener por algún otro medio en algún

---

[28] *The Gospel According to St. John*, Tyndale New Testament Commentary, (Leicester: IVF, 1976), 71.

Bautizarse ¿para qué?

momento posterior. Pero esto altera la fuerza de las palabras de Pedro. ¿Se puede persuadir a sí mismo de que Pedro les dijo a estos pecadores que fueron golpeados con su terrible culpa que aceptaran un bautismo que apuntara a una remisión futura? ¿No tenía remisión para ofrecerles ahora? ¿Y cuándo y cómo podrían obtener esa remisión, absolutamente la única cosa que deben tener? ¿Y cómo puede Ananías en 22:16 decir: «Sé bautizado y lava «¡Tus pecados! ¿Como si el agua del bautismo los lavara por su conexión con el Nombre?

Ἄφεσις, desde ἀφίημι, «Enviar lejos» es otro gran concepto bíblico: «enviar lejos» de tus pecados. A que distancia se envían Ps.103: 12 nos dice: «tan lejos como el este se encuentra del oeste, hasta el momento nos ha quitado nuestras transgresiones». Mida la distancia desde el punto donde comienza el este hasta el punto donde termina el oeste. Tampoco dice David, «tan lejos como el norte está del sur», no sea que pienses en los polos y tengas éxito en medir la distancia. Nuevamente, Miqueas 7:19: "arrojarás todos sus pecados a las profundidades del mar". Incluso hoy en día el mar tiene profundidades que nunca han sido escuchadas. La idea que se debe transmitir es que los pecados se eliminan del pecador para que nunca se vuelvan a encontrar, y nunca se vuelvan a enfrentar a él. Dios los envía, y él sería el último en traerlos de vuelta. Cuando el pecador aparece ante su tribunal, Sus pecados se han ido para siempre. Esto es lo que realmente significa nuestro «perdón» mucho menos expresivo. Tampoco permanece la culpa,

Testimonios de teólogos

porque el pecado y la culpa son uno: ¡el pecado se fue, la culpa se fue!²⁹

Philip Schaff, dice lo siguiente acerca de cómo era conciliado el bautismo durante los primeros siglos de la historia de la iglesia:

> Esta ordenanza fue considerada en la Iglesia antigua como el sacramento del nuevo nacimiento o regeneración, y como el solemne rito de iniciación en la Iglesia cristiana, adquiriendo todos sus beneficios y comprometiéndose con todas sus obligaciones. Se suponía que debía ser precedida, en el caso de los adultos, por la instrucción por parte de la iglesia, y por medio del arrepentimiento y la fe (es decir, la conversión) por parte del candidato, y para completar y sellar el proceso espiritual de la regeneración, el viejo hombre está enterrado, y el hombre nuevo surge de la tumba de agua. Su efecto consiste en el perdón de los pecados y la comunicación del Espíritu Santo.³⁰

Marvin R. Vincent, comentando Tito 3:5, dice:

> La frase lavamiento de la regeneración se refiere claramente al bautismo, . . . ³¹

---

[29] Lenski, R.C.H. *The Interpretation of the Acts of the Apostles, 1961*, Minneapolis.: Augsburg Publishing House, 107-108.

[30] Philip Schaff, *History of the Christian Church, Volume 2*, 2006, Peabody, Massachussets.: Hendrichson Publishers, Inc., 253.

[31] Marvin R. Vincent, *Vincent´s Word Studies in the New Testament, Volume IV.*, 2006, Peabody, Massachussets.: Hendrichson Publishers, Inc., 349.

Bautizarse ¿para qué?

El mismo **Vincent**, comentando la frase "Nacer del agua y del Espíritu" en Juan 3:5, dice en el punto 4:

> El agua señala definitivamente al rito del bautismo, y con una doble referencia – al pasado y al futuro. El agua naturalmente sugirió a Nicodemo el bautismo de Juan, con el cual fue despertando un profundo e interés general; y, con este, las purificaciones simbólicas de los Judíos, y el uso del Antiguo Testamento del lavamiento como figura de la purificación del pecado (Salmo 51:2, 7; Ezequiel 36:25; Zacarías 13:1)[32]

El comentarista **William Hendriksen**, acerca de Tito 3:5, dice:

> Es claro, por pasajes tales como Juan 3:3, 5 y especialmente Efesios 5:26 (ver Hebreos 10:22), que este "lavamiento de la regeneración" tiene cierta relación con el rito del bautismo. Sin lugar a dudas, también aquí en Tito 3:5 hay una referencia implícita a este sacramento.[33]

El erudito en griego y hebreo **F. F. Bruce** escribió (aunque después lo niegue):

> El bautismo cristiano tomó del bautismo joánico su conexión con el arrepentimiento y la remisión de pecados y su significación de señal de la nueva era.[34]

---

[32] Marvin R. Vincent, *Vincent´s Word Studies in the New Testament, Volume II*. 2006, Peabody, Massachussets.: Hendrichson Publishers, Inc., 91.

[33] William Hendriksen, *Comentario al Nuevo Testamento, 1 y 2 Timoteo y Tito*, 2001, Grand Rapids, Michigan.: Libros Desafío, 445.

[34] F. F. Bruce, *Un comentario de la Epístola a los Gálatas*, Un comentario basado en el texto griego. 2004, Terrassa, Barcelona.: editorial Clie, 256.

Testimonios de teólogos

La Enciclopedia del estudiante, bajo la palabra bautismo, explica:

> Al igual que el bautismo de Juan, el bautismo cristiano se realiza para la remisión de los pecados.[35]

Después de haber leído lo que estos hombres dijeron y enseñan acerca del propósito del bautismo, es claro que están en acuerdo con lo que la palabra de nuestro Dios manifiesta. Tanto los hombres que vivieron cerca de los apóstoles durante los primeros años de la iglesia, así como los que acabamos de citar, todos concuerdan con las Escrituras del Nuevo Testamento respecto del bautismo.

---

[35] "Bautismo," punto número cuatro, al inicio del segundo párrafo, Microsoft® Student 2009 [DVD]. Microsoft Corporation, 2008.

Capítulo 10

Recuerde: una parte, no un todo

Por favor, no piense que la intención de este escrito es demostrar que el bautismo sea el único requisito para obtener la salvación, ¡NO! En ninguna manera y por ningún lado muestra la Biblia que el bautismo sea el único requisito para ser salvo, sino más bien, demuestra que el bautismo es parte fundamental. Los que desean salvación no tienen por qué evitar o postergar ser bautizados en agua.

La Biblia muestra en muchos de los libros del Nuevo Testamento que creer, ser bautizado y recibir salvación son elementos estrechamente vinculados. Vea en las Escrituras que siguen si encuentra ligadas las tres cosas: fe, bautismo y salvación:

Mateo 28:18-20	[18] Y Jesús se acercó y les habló diciendo: Toda potestad me es dada en el cielo y en la tierra. [19] Por tanto, id, y haced discípulos a todas las naciones, bautizándolos en el nombre del Padre, y del Hijo, y del Espíritu Santo; [20] enseñándoles que guarden todas las cosas que os he mandado; y he aquí yo estoy con vosotros todos los días, hasta el fin del mundo. Amén.	¿Fe? ¿Bautismo? ¿Salvación?

Bautizarse ¿para qué?

Marcos 16:15, 16	¹⁵ Y les dijo: Id por todo el mundo y predicad el evangelio a toda criatura. ¹⁶ El que creyere y fuere bautizado, será salvo; mas el que no creyere, será condenado.	¿Fe? ¿Bautismo? ¿Salvación?
Juan 1:12; 3:3, 5, 16	¹² Mas a todos los que le recibieron, a los que creen en su nombre, les dio potestad de ser hechos hijos de Dios . . . ³ Respondió Jesús y le dijo: De cierto, de cierto te digo, que el que no naciere de nuevo, no puede ver el reino de Dios . . . ⁵ Respondió Jesús: De cierto, de cierto te digo, que el que no naciere de agua y del Espíritu, no puede entrar en el reino de Dios . . . ¹⁶ Porque de tal manera amó Dios al mundo, que ha dado a su Hijo unigénito, para que todo aquel que en él cree, no se pierda, mas tenga vida eterna.	¿Fe? ¿Bautismo? ¿Salvación?
Hechos 2:37-41	³⁷ Al oír esto, se compungieron de corazón, y dijeron a Pedro y a los otros apóstoles: Varones hermanos, ¿qué haremos? ³⁸ Pedro les dijo: Arrepentíos, y bautícese cada uno de vosotros en el nombre de Jesucristo para perdón de los pecados; y recibiréis el don del Espíritu Santo. ³⁹ Porque para vosotros es la promesa, y para vuestros hijos, y para todos los que están lejos; para cuantos el Señor nuestro Dios llamare. 40 Y con otras muchas palabras testificaba y les exhortaba, diciendo: Sed salvos de esta perversa generación. 41 Así que, los que recibieron su palabra fueron bautizados; y se añadieron aquel día como tres mil personas.	¿Fe? ¿Bautismo? ¿Salvación?

Recuerde: una parte, no un todo

Hechos 16:29-34	²⁹ El entonces, pidiendo luz, se precipitó adentro, y temblando, se postró a los pies de Pablo y de Silas; ³⁰ y sacándolos, les dijo: Señores, ¿qué debo hacer para ser salvo? ³¹ Ellos dijeron: Cree en el Señor Jesucristo, y serás salvo, tú y tu casa. ³² Y le hablaron la palabra del Señor a él y a todos los que estaban en su casa. ³³ Y él, tomándolos en aquella misma hora de la noche, les lavó las heridas; y en seguida se bautizó él con todos los suyos. ³⁴ Y llevándolos a su casa, les puso la mesa; y se regocijó con toda su casa de haber creído a Dios.	¿Fe? ¿Bautismo? ¿Salvación?
Romanos 1:16, 17; 6:3-6	¹⁶ Porque no me avergüenzo del evangelio, porque es poder de Dios para salvación a todo aquel que cree; al judío primeramente, y también al griego. ¹⁷ Porque en el evangelio la justicia de Dios se revela por fe y para fe, como está escrito: Mas el justo por la fe vivirá. . . . ³ ¿O no sabéis que todos los que hemos sido bautizados en Cristo Jesús, hemos sido bautizados en su muerte? ⁴ Porque somos sepultados juntamente con él para muerte por el bautismo, a fin de que como Cristo resucitó de los muertos por la gloria del Padre, así también nosotros andemos en vida nueva. ⁵ Porque si fuimos plantados juntamente con él en la semejanza de su muerte, así también lo seremos en la de su resurrección; ⁶ sabiendo esto, que nuestro viejo hombre fue crucificado juntamente con él, para que el cuerpo del pecado sea destruido, a fin de que no sirvamos más al pecado.	¿Fe? ¿Bautismo? ¿Salvación?

Bautizarse ¿para qué?

1 Corintios 1:17	¹⁷ Pues no me envió Cristo a bautizar, sino a predicar el evangelio; no con sabiduría de palabras, para que no se haga vana la cruz de Cristo.	¿Fe? ¿Bautismo? ¿Salvación?
Gálatas 3:25-27	²⁵ Pero venida la fe, ya no estamos bajo ayo, ²⁶ pues todos sois hijos de Dios por la fe en Cristo Jesús; ²⁷ porque todos los que habéis sido bautizados en Cristo, de Cristo estáis revestidos.	¿Fe? ¿Bautismo? ¿Salvación?
Efesios 1:13, 14	¹³ En él también vosotros, habiendo oído la palabra de verdad, el evangelio de vuestra salvación, y habiendo creído en él, fuisteis sellados con el Espíritu Santo de la promesa, ¹⁴ que es las arras de nuestra herencia hasta la redención de la posesión adquirida, para alabanza de su gloria.	¿Fe? ¿Bautismo? ¿Salvación?
Colosenses 2:12	¹²sepultados con él en el bautismo, en el cual fuisteis también resucitados con él, mediante la fe en el poder de Dios que le levantó de los muertos.	¿Fe? ¿Bautismo? ¿Salvación?
Tito 3:5	⁵nos salvó, no por obras de justicia que nosotros hubiéramos hecho, sino por su misericordia, por el lavamiento de la regeneración y por la renovación en el Espíritu Santo,	¿Fe? ¿Bautismo? ¿Salvación?
Hebreos 6:1, 2	¹Por tanto, dejando ya los rudimentos de la doctrina de Cristo, vamos adelante a la perfección; no echando otra vez el fundamento del arrepentimiento de obras muertas, de la fe en Dios, ² de la doctrina de bautismos, de la imposición de manos, de la resurrección de los muertos y del juicio eterno.	¿Fe? ¿Bautismo? ¿Salvación?

Recuerde: una parte, no un todo

1 Pedro 1:18-22;	¹⁸ sabiendo que fuisteis rescatados de vuestra vana manera de vivir, la cual recibisteis de vuestros padres, no con cosas corruptibles, como oro o plata, ¹⁹ sino con la sangre preciosa de Cristo, como de un cordero sin mancha y sin contaminación, ²⁰ ya destinado desde antes de la fundación del mundo, pero manifestado en los postreros tiempos por amor de vosotros, ²¹ y mediante el cual creéis en Dios, quien le resucitó de los muertos y le ha dado gloria, para que vuestra fe y esperanza sean en Dios. ²² Habiendo purificado vuestras almas por la obediencia a la verdad, mediante el Espíritu, para el amor fraternal no fingido, amaos unos a otros entrañablemente, de corazón puro . . .	¿Fe? ¿Bautismo? ¿Salvación?
3:20-22	²⁰ los que en otro tiempo desobedecieron, cuando una vez esperaba la paciencia de Dios en los días de Noé, mientras se preparaba el arca, en la cual pocas personas, es decir, ocho, fueron salvadas por agua. ²¹ El bautismo que corresponde a esto ahora nos salva (no quitando las inmundicias de la carne, sino como la aspiración de una buena conciencia hacia Dios) por la resurrección de Jesucristo, ²² quien habiendo subido al cielo está a la diestra de Dios; y a él están sujetos ángeles, autoridades y potestades.	

Bautizarse ¿para qué?

En estas citas, se muestra, y se infiere en algunas, que para obtener la salvación es necesario tener fe. Es decir, creer en Cristo y ser bautizado. De manera que el bautismo también es parte de los requisitos que Dios estableció para que el hombre los obedezca y así obtenga la salvación.

Una vez que el hombre es bautizado bíblicamente, debe permanecer en la Palabra de Dios y guardar sus mandamientos (Juan 14:15); debe mirar que no caiga (1 Corintios 10:12); debe atender a las cosas que ha oído (Hebreos 2:1-4); y esforzarse cada día, hasta el final, por ser fiel (Apocalipsis 2:10).

Entiéndase, pues, que el bautismo no es el único requisito, pero sí es parte de la conversión.

Conclusión

Hemos demostrado en este escrito, que la historia, y el testimonio de algunos eruditos de renombre entre el mundo evangélico, están en completo acuerdo con lo que la Biblia enseña en cuanto al bautismo.

Hemos visto que bíblicamente, tanto en el idioma griego como en el español, el bautismo bíblico es para obtener la salvación, pues a través de este actúa la sangre de Cristo en el hombre, al limpiarle de sus pecados, por medio del agua.

Dios ha decidido que, por medio de bautismo en agua, el ser humano tiene contacto con la sangre preciosa de nuestro Señor Jesucristo, y de esta manera obtengamos el perdón de nuestros pecados.

Volvamos a hacer la pregunta en consideración:

¿Realmente el bautismo es para perdón de pecados?

La respuesta bíblica, histórica y testificada por algunos de los eruditos, es:

¡Sí! Sí, es para perdón de pecados.

Finalmente, invito a quienes llegará este escrito a que si tienen alguna objeción más que presentar, aparte de las que tratamos aquí, y quieren demostrar lo contrario a lo que se expone, comuníquese con su servidor a:

Bautizarse ¿para qué?

Calle: Gigantes 3295
Colonia: Agustín Yáñez
C. P. 44780
Guadalajara Jalisco
México
O bien, hágalo a través de la dirección electrónica:

maro_b_j@hotmail.com
www.idcyanez.com

Apéndice A

Objeción:

"¡Gálatas 3:27 no trata del bautismo en agua!"

²⁵ Pero venida la fe, ya no estamos bajo ayo,
²⁶ pues todos sois hijos de Dios por la fe en Cristo Jesús;
²⁷ porque todos los que habéis sido bautizados en Cristo, de Cristo estáis revestidos.

— Gálatas 3:25-27

Respuesta:

Cuando demostramos por la Palabra de Dios que el bautismo es para obtener el perdón de pecados y así alcanzar la salvación, los que se oponen a esta enseñanza bíblica terminan negando que el bautismo esté relacionado con el agua. Este es el caso en Gálatas 3:27 donde muchos dicen que el bautismo que se menciona no es el de agua.

Dr. C. Belch comenta sobre este versículo:

> Al desarrollar el v. 27, es necesario solucionar dos problemas: (1) ¿Qué significa la preposición "en" ("*eis*")? (2) ¿De qué clase de bautismo habla, del de agua o del místico? Wuest piensa que la preposición implica "a la unión mística y vital que existe entre el Señor Jesús y el creyente . . . cómo ellos fueron unidos con Cristo . . . el Espíritu Santo los bautizó (introdujo o colocó) en unión vital con Cristo". Robertson sugiere que la preposición inglesa "*unto*" debe ser

Bautizarse ¿para qué?

traducida, con la finalidad de evitar la idea de: ". . . que así uno entra en Cristo y es salvado por medio del bautismo, según la enseñanza de las religiones místicas". Para nosotros, los de habla española, la palabra inglesa "unto" es problemática, pues puede ser traducida: "a" o "hasta". "Hasta" no serviría, porque pudiera dejar la idea de llevar algo hasta Cristo y dejarlo a la puerta. Burton, con quien estamos más de acuerdo, prefiere traducirla "con referencia a" (v. DM, p.191). También referente a "bautismo" él lo entiende como la inmersión en agua (pues, bautismo cristiano, como indicamos en nuestra traducción arriba). Es como decir que, ya que el creyente ha sido bautizado, también ha sido vestido de Cristo; o sea, al poner el uniforme del bautismo, cumple el vestido poniendo la placa de identificación. Pues, con el pronombre correlativo "cuantos" (o "todos" en la RVR, v. 27) Pablo presenta la segunda parte de esa relación vital (la primera siendo "sois hijos de Dios"), por decir que, si habían sido bautizados en Cristo, también han sido vestidos de Cristo.

El creyente se ha puesto el vestido llamado, "Cristo". Es como quien dice que el creyente ha cubierto su desnudez con un vestido que refleja lo que significa estar en Cristo". (*Tesoros escondidos II en Gálatas*, Dr. C. Belch, Centro de Literatura Cristiana, 2004).

La mayoría de las denominaciones están de acuerdo en que la historia confirma que el bautismo era realizado en agua, tal como lo muestra este comentarista.

Apéndice B

Objeción:

"El agua que menciona Juan 3, no aplica al bautismo en agua, sino a la palabra, la carne, el Espíritu".

³Respondió Jesús y le dijo: De cierto, de cierto te digo, que el que no naciere de nuevo, no puede ver el reino de Dios. . . . ⁵el que no naciere de agua y del Espíritu, no puede entrar en el reino de Dios.

— Juan 3:3, 5

Respuesta:

Algunos enseñan que el agua mencionada en Juan 3, no es el agua literal. Esto ya fue contestado en el estudio de este pasaje, aquí solamente añadimos, para recordar, el testimonio histórico de lo que enseñaban en cuanto a este pasaje:

Ireneo de Lyon (130 - 200 d.C.)

"Y se sumergió", dice la Escritura, "siete veces en el Jordán". No fue por nada que el Naamán de antiguo al sufrir de lepra fue purificado al efectuarse su bautismo. Es buena esta indicación para nosotros, pues para nosotros fue escrita. Porque somos como leprosos en el pecado y somos hechos limpios por medio del agua sagrada y la invocación del Señor. Limpios de

Bautizarse ¿para qué?

todas nuestras transgresiones y espiritualmente regenerados como si fuéramos recién nacidos. Es así que el Señor ha declarado: 'A menos que uno nazca del agua y del Espíritu, no entrará en el Reino de los Cielos'" (Contra las Herejías).

Justino Mártir (100/114 — 162/168 d.C.) dice:

Ellos entonces han sido traídos por nosotros donde hay agua, y son regenerados en la misma manera en la cual nosotros mismos nos regeneramos [renacimos]: en el nombre de Dios el Padre . . . y de nuestro Salvador Jesús Cristo, y del Espíritu Santo, ellos entonces reciben el lavado de agua. Cristo dijo, "A menos que ustedes nazcan de nuevo, ustedes no entrarán en el reino de los cielos" . . . La razón para hacer esto, la hemos aprendido de los apóstoles" (*La Primera Apología* 1,61) (*Ante-Nicene Fathers*, ed. Alexander Roberts y James Donaldson [Grand Rapids, MI: Eerdmans, 1985], 1:183).

Desde la historia este texto muestra que se refiere al agua del bautismo, a través del cual recibimos el perdón de pecados por la sangre de Cristo.

Apéndice C

Objeción:
"¡El ladrón en la cruz no se bautizó, y fue salvo!"

⁴³ Entonces Jesús le dijo: De cierto te digo que hoy estarás conmigo en el paraíso.

— Lucas 23:43

Respuesta:

Para mostrar que el bautismo no tiene relación con la salvación, muchas veces se cita el tan conocido ejemplo del malhechor que se arrepintió en la cruz, cuando iba a morir junto con Jesucristo. El Señor le dijo que estaría con él en el paraíso.

El argumento se basa en que el ladrón que estaba en la cruz, fue salvo sin recibir el bautismo. Y si él fue salvo de esta manera, entonces el bautismo no es necesario para la salvación.

Al escuchar este argumento, en primera instancia, suena interesante y, para muchos, convincente; pero la realidad es otra. Al considerar este argumento, hay que tomar en cuenta estas tres verdades:

1.- El contexto

El Señor Jesús declara el ladrón salvo antes de fallecer en la cruz. Y si Cristo no ha muerto, aún no ha dado el

Bautizarse ¿para qué?

mandamiento de ir y bautizar a todas las naciones, pues esto lo hizo después de haber resucitado (ver Mateo 28:18-20).

2.- La diferencia entre los dos pactos

La Biblia consta de dos pactos, el Antiguo y el Nuevo. El ladrón vivió bajo el Antiguo pacto y no el Nuevo, y el Nuevo incluye la ordenanza del bautismo para el perdón de pecados. Esto fue después de que Cristo resucitó, ¡no antes!

3.- El ladrón no recibió, no escuchó el evangelio

El ladrón fue salvo sin el bautismo. También fue salvo sin haber escuchado el evangelio, el cual es la muerte, la sepultura, y la resurrección de Cristo (ver 1 Corintios 15:1-4). Si el ladrón en la cruz es un ejemplo de salvación para hoy, entonces se debe aceptar que hoy tampoco se necesita escuchar el evangelio. El ladrón no conoció el evangelio porque Cristo ¡no había muerto! Los discípulos no habían recibido el mandato de predicar el evangelio a todas las naciones.

El evangelio no era un mensaje completo todavía. En el bautismo nos unimos a Cristo en su muerte (nos morimos a nosotros mismos), en su sepultura (bajo el agua) y en su resurrección (al ser levantado del agua). Ve Romanos 6:1-4. En angustia el ladrón reconoció que Jesús era el Mesías y pidió que se recordara de él una vez en su trono. Jesús le prometió el paraíso. Tú y yo reconocemos que Jesús es el Mesías porque escuchamos el evangelio.

Desde el día de salvación del ladrón crucificado han sucedido grandes cosas. El evangelio está completo. Esta buena nueva está predicada por donde haya discípulos de Cristo en el mundo entero. Es un mandato de nuestro Rey que anunciemos las noticias a todos los pueblos. Los que desean ser discípulos tienen que tomar su cruz y seguirle al Mesías. (El ladrón lo hizo literalmente). Tienen que declarar su fe en él. Tienen que arrepentirse y bautizarse. Reciben

Apéndice C

perdón. (El ladrón lo recibió). Reciben el Espíritu Santo. (El ladrón no). Entran en una nueva vida de transformación y después en el paraíso. (El ladrón recibió solo el paraíso).

Por palabra del rey mismo el ladrón se salvó al cierre del Antiguo Pacto. Por proclamación del evangelio, y nos gozamos que otros obedecieron para traer el evangelio a nosotros, tenemos salvación bajo el Nuevo Pacto. Salvación es gloriosa, sea como sea. Pero, el Nuevo Pacto es superior al Antiguo. ¿Lo ves?

Apéndice D

Objeción:
"¡El carcelero fue salvo solamente creyendo!"

²⁹ El entonces, pidiendo luz, se precipitó adentro, y temblando, se postró a los pies de Pablo y de Silas; ³⁰ y sacándolos, les dijo: Señores, ¿qué debo hacer para ser salvo? ³¹ Ellos dijeron: Cree en el Señor Jesucristo, y serás salvo, tú y tu casa. ³² Y le hablaron la palabra del Señor a él y a todos los que estaban en su casa. ³³ Y él, tomándolos en aquella misma hora de la noche, les lavó las heridas; y en seguida se bautizó él con todos los suyos.

— Hechos 16:29-33

Respuesta:

Otro argumento que se presenta para intentar anular la eficacia del bautismo es el tema del carcelero de Filipos, quien intentó quitarse la vida al pensar que todos los presos se habían escapado.

El carcelero fue salvo y el Apóstol Pablo nunca mencionó el bautismo ¿cierto? Veamos . . .

En **versículo 30** el carcelero pregunta qué debe hacer para ser salvo.

Y en **versículo 31** Pablo y Silas responden que debe creer en Jesucristo para ser salvo, él y toda su casa. Note que

Bautizarse ¿para qué?

en este versículo le dijeron qué era lo que debía hacer, mas no se muestra que lo hubiera hecho ya, por las siguientes razones:

1.- Él no pudo ser salvo en este versículo, porque no había escuchado la palabra de Dios, la cual es necesaria para tener fe (Romanos 10:17).
2.- El versículo siguiente dice: "Y le hablaron la palabra del Señor a él y a todos los que estaban en su casa". Ahora les explican el evangelio . . . y ¿qué sucede? Les lavan sus heridas a los dos prisioneros y el carcelero se bautizó "con todos los suyos".

Fíjate que se bautizó con **todos** los suyos, y que más arriba dice quiénes escucharon la palabra del Señor: el carcelero y **todos** que estaban en su casa. Los que escucharon la palabra del Señor son los mismos que se bautizaron. Entendieron al escuchar el evangelio que tenían que creer y ser bautizado (como en Marcos 16:5, 16).

Una frase clave

Hay una frase que se menciona en el **versículo 33**, que nos muestra que el bautismo es importante para alcanzar la salvación, y que, por tal manera el carcelero y los que estaban en su casa, los que escucharon la palabra del Señor y la creyeron, fueron bautizados.

La frase a la que nos referimos es "en seguida", que en griego es **parajrema**, y significa literalmente, "hacer algo inmediatamente, con urgencia, prontamente". De aquí que se muestra la importancia que tenía el carcelero y los que creyeron de su casa, de bautizarse, pues entendieron que era necesario, el bautismo para ser salvos, por tal manera, lo hicieron urgentemente, en aquella misma hora de la noche.

Apéndice D

La historia del carcelero termina en el **versículo 34**, donde Lucas nos dice que hicieron una comida para regocijarse en agradecimiento a Dios, por haber creído en él. Este hecho nos muestra que el carcelero no fue salvo en el momento en que se le dijo que debía creer en el Señor Jesús, sino hasta después de ser bautizado, según lo muestra el mismo relato. Nadie se alivia de un dolor de cabeza cuando el en el momento que el doctor le dice que se tome dos aspirinas, sino hasta que obedece la orden, se toma las pastillas, y espera que surtan efecto.

De la misma manera, el carcelero no fue salvo hasta que escuchó la palabra del Señor, creyó en ella, y se bautizó urgentemente. Así que el mismo relato muestra que el bautismo es para alcanzar la salvación en Cristo Jesús.

Apéndice E

Objeción:

"Pablo dijo que Cristo no lo envió a bautizar, sino a predicar".

¹⁴ Doy gracias a Dios de que a ninguno de vosotros he bautizado, sino a Crispo y a Gayo, ¹⁵ para que ninguno diga que fuisteis bautizados en mi nombre. ¹⁶ También bauticé a la familia de Estéfanas; de los demás, no sé si he bautizado a algún otro. ¹⁷ Pues no me envió Cristo a bautizar, sino a predicar el evangelio; no con sabiduría de palabras, para que no se haga vana la cruz de Cristo.

— 1 Corintios 1:14-17

Respuesta:

Un argumento muy particular de los que desean quitar importancia al bautismo se encuentra en 1 Corintios 1:17, donde Pablo dice que Cristo no le envió a bautizar, sino a predicar el evangelio. Por lo menos una denominación dice que Pablo entendió que el mandamiento de Cristo era predicar y no bautizar para salvación. Al decir esto ellos hacen a Pablo un "anticristo", es decir, lo ponen en contra de lo que Cristo dijo en Mateo 28:19, que incluye predicar y bautizar.

Los miembros de este grupo no entienden que en este pasaje Pablo no desacredita la importancia de bautismo

Bautizarse ¿para qué?

para salvación, sino que, al contrario, enfatiza su necesidad. Cuando Pablo pregunta acaso fuera crucificado él por ellos, o fueran ellos bautizados en el nombre de él (1:13), simplemente afirmaba que ellos pertenecían a Cristo y no a Pablo. Aun los que eran sus partidarios y decían, "Somos de Pablo", se equivocaron (v. 13).

A los grupos que niegan el bautismo para salvación se les olvida el contexto en que Pablo está hablando, pues él está tratando una división que se daba entre los corintios. Parece que muchos se interesaban simplemente por bautizar, como si compitieran entre sí para ver quién bautizaba a más y de cuál grupo (el de Apolos, Cefas, Pablo o Cristo) había más. De esta manera se les olvidaba la importancia de la predicación.

En v. 17 Pablo está proclamando la encomienda de su ministerio: se le envió a predicar. Como apóstol su misión era predicar el evangelio, eso no quita que no podía él bautizar como lo mostró en los versículos anteriores.

La razón por la cual lo dice es por la cuestión de su ministerio y el problema que estaba pasando. Con los apóstoles, normalmente andaban otros que hacían esta labor de bautizar. Vea el caso de Pedro con Cornelio. En otras palabras, Pablo dice que su función no es ser bautizador sino predicador de la palabra, y esto por orden de prioridad.

¿Debemos pensar que Pablo desobedeció a Cristo? Cristo no le envió a bautizar, sino a predicar. Pero Pablo bautizó a algunos (vv. 14-16). La prioridad que el Señor le dio era de anunciar las buenas nuevas. Después de escuchar y entender los creyentes debían bautizarse. Podía bautizar Pablo u otro.

Bibliografía

Versiones de la Biblia:

--*Biblia, Reina Valera,* 1960, Sociedades Bíblicas Unidas.

--*Biblia, Versión Hispano Americana,* 2010, Sociedad Bíblica de España.

--*Biblia, Versión Nácar Colunga,* 1944.

--*Biblia, Versión de Pablo Besson,* Copyright © Edición Conmemorativa 1981, Asociación Bautista Argentina de Publicaciones.

--*Biblia, Versión Moderna, 1893.*

--*Biblia, Nueva Versión Internacional,* 1979, International Bible Society (ahora Bíblica®).

--*Biblia, Versión Sagrada Biblia,* 2016, Oficial de la Conferencia Episcopal Española.

--*Biblia, Versión Latinoamericana,* 2005 por The Lockman Foundation.

--*N. T. Versión Dios llega al hombre,* 1983, Sociedades Bíblicas Unidas.

--*Biblia, Versión de Las Américas,* 1986, The Lockman Foundation.

--*N. T. Versión CEBIHA,* 1966, Editorial Progreso.

-- Barajas Jiménez, Omar, *¿Qué debo hacer para ser salvo?* (Folleto), 2005, Guadalajara, Jal., México, Instituto Cristiano en Yáñez.

Bautizarse ¿para qué?

--Barton, Dr. Bruce B., Editore, *Biblia del Diario Vivir*, 1996 Nashville, TN: Editorial Caribe 2000.

-- Brown, Fitzmyer, Murphy, "The Letter to the Galatians", *The Jerome Biblical Commentary*, 1968, Englewood Cliffs, NJ.: Prentice Hall.

-- Bruce, F. F., *Un comentario de la epístola a los Gálatas*, Un comentario basado en el texto griego, 2004, Terrassa, Barcelona: Editorial Clie.

-- Bruner, Frederick Dale, *A Theology of the Holy Spirit*, 1970, Grand Rapids, Mich.: Wm. B. Eerdmans Publishing Co.

-- Bullinger-Lacueva (1985) *Diccionario de Figuras de Dicción usadas en la Biblia*, 1985, Terrassa, Barcelona: Editorial Clíe.

-- Cottrell, Jack, *Baptism: A Biblical Study*, 2006, Joplin, Missouri: College Press Publishing Co.

-- Davis, H. Guillermo, *Gramática Elemental del Griego del Nuevo Testamento*, 1984, El Paso, TX: Casa Bautista de Publicaciones.

-- De Lyon, Ireneo (130-200 d. C.), *The Demonstration of the Apostolic Preaching*, Consultado el 12 de Julio de 2013, de la presentación de la obra en PDF, por Christian Classics Ethereal Library, http://www.ccel.org/ccel/irenaeus/demonstr.pdf

--Hayford, Jack W., General Editor, *Biblia Plenitud*, 1994, Nashville, TN: Editorial Caribe, 2000.

-- Hendriksen, William, *Comentario al Nuevo Testamento, 1 y 2 Timoteo y Tito*, 2006, Grand Rapids, Michigan EE.UU.: Libros Desafío.

-- Henry, Matthew, *Henry's Commentary*, 1991, Peabody, Massachusetts: Hendrickson Publishers.

-- Hipona, Agustín (n.d.), *El Matrimonio y la Concupiscencia*, Consultado el 15 de Julio de 2013 de la versión en línea, ofrecida en:

Bibliografía

http://www.iglesiareformada.com/Agustin_Matrimonio_Concupisciencia.html

-- Keil, C.F. y F Delitzsc, *Commentary on the Old Testament*, 10 Volumes, 2006, Peabody, Massachusetts: Hendrickson Publishers, Inc.

-- Lacueva, Francisco, *Nuevo Testamento Interlineal Griego-Español*, 1984, Terrassa, Barcelona: Editorial Clíe.

-- Lenski, R.C.H., *The Interpretatión of Acts of the Apostoles*, 1961, Minneapolis, MN: Augsburg Publishing House.

-- Lightfoot, J. B., *Los Padres Apostólicos*, 1990, Terrassa Barcelona: Editorial Clíe.

-- Lincoln, Andrew T., *Word Biblical Commentary Volume 42, Ephesians*, 1990, Dallas, Texas: Word Books Publisher.

-- McKibben, Jorge Fitch, *Nuevo Léxico Griego-Español del Nuevo Testamento*, 1981, Terrassa, Barcelona: Editorial Clie.

-- Nash Donald A., *Practical Commentary on Acts*, 1995, Cincinnati, OH: The Christian Restoration Association.

-- Nash, Donald A., *Practical New Testament Word Studies*, 1982, Cincinnati, OH: The Christian Restoration Association.

-- Nelson, Wilton M., *Nuevo Diccionario Ilustrado de la Biblia*, 2000, Nashville, TN: Editorial Caribe.

-- Ochoa, Sergio, *Análisis gramatical de Hechos 2:38*, 2005, Guadalajara, Jal. México: Instituto Cristiano En Yañez.

-- Pelikan Jaroslav, *Luther's Works*, 1973, St. Louis: Concordia Publishing House.

-- Reese, Gareth L., *New Testament History Acts*, 2005, Moberly, Missouri: Scripture Exposition Books.

-- Roberts, Alexander, D.D Y James Donaldson, **LL. D**, *Ante-Nicene Fathers*, 2004, Peabody, Massachusetts: Hendrickson Publishers, Inc.

Bautizarse ¿para qué?

-- Schaff, Philip, *Nicene and Post-Nicene Fathers. Series II, Volume 7.* Consultado el 15 de Julio de 2013 de Christian Classics Etereal Library:
http://www.ccel.org/print/schaff/npnf207/iii.xxiii puede ver la versión en .PDF: http://www.ccel.org/ccel/schaff/npnf207.pdf

-- Schaff, Phillip, *The Nicene and Post-Nicene Fathers*, 1983, H. De Romestin, Grand Rapids, MI: Eerdmans.

-- Thayer H. Joseph, *Thayer´s Greek-English Lexicon of the New Testament*, 2005, Peabody, Massachusetts: Hendrickson Publishers, Inc.

-- Tyndale, *Comentarios del Nuevo Testamento: El Evangelio Según San Juan.* 1977, Grand Rapids, MI: Eerdmans.

-- Vincent, Marvin R., *Vincent´s Word Studies in the New Testament, 4 volume set*, 1886, Peabody, Massachusetts: Hendrickson Publishers.

-- Vine, W.E., *Aprenda el Griego del Nuevo Testamento*, 1999, Nashville, TN, Miami, FL.: Editorial Caribe.

¿Quiere leer más sobre el bautismo?

En este libro, *Bautismo: por qué esperar?*, el Dr. Rees Bryant ha hecho una contribución de inestimable valor a la exposición de Pablo, en sus cartas, respecto del bautismo. Es una presentación clara de la relación entre el bautismo y la conversión.

En los trece capítulos de *Bautismo, Un estudio bíblico*, Dr. Cottrell examina los doce textos principales en el Nuevo Testamento: Indaga el sentir de las palabras originales, el trasfondo histórico y las referencias comparativas.

www.ingramcontent.com/pod-product-compliance
Lightning Source LLC
Chambersburg PA
CBHW060158050426
42446CB00013B/2888